Brigitte Romankiewicz
Die Göttlichkeit des Irdischen –
Herausforderungen eines neuen
Bewusstseins
Ein Versuch in Variationen

Ich bin davon überzeugt, dass wir in einem menschlichen Notstand leben, der uns nicht erlaubt, uns mit Bagatellen zu unterhalten, die keinerlei Relevanz besitzen. Doch ich bin ebenso überzeugt, dass gerade aufgrund des Ernstes der menschlichen Situation bloße kurzfristige Lösungen und technische Notbehelfe nicht genügen. Wir brauchen die Distanz, die uns die Kontemplation gibt, die Perspektive, die wir durch Losgelöstheit (asakti in der Gita, die Mystiker nennen es Gelassenheit) gewinnen --- wir brauchen die Einsicht in die tieferen Schichten der Wirklichkeit, die es uns ermöglicht, den Problemen an die Wurzeln zu gehen."

Raimon Panikkar
Rückkehr zum Mythos,
Frankfurt 1985, S. 7/8

Bibliografische Information der Deutschen Nationalbibliothek
Die Deutsche Nationalbibliothek verzeichnet diese Publikation in der
Deutschen Nationalbibliografie; detaillierte bibliografische Daten sind
im Internet über http: //dnb. d-nb. de abrufbar
© 2020 by opus magnum, Stuttgart (www. opus-magnum.de)
Erstauflage, Version 1.01
Umschlaggestaltung, Grafik und Layout: B. Romankiewicz, L. Müller
Herstellung: BOD – Books on Demand GmbH., Norderstedt
Alle Rechte vorbehalten
Print-Version: ISBN 13: 978-3-95612-034-3
bei www.opus-magnum.de

Brigitte Romankiewicz

Die Göttlichkeit des Irdischen – Herausforderungen eines neuen Bewusstseins

Ein Versuch in Variationen

opus magnum

Inhalt

Wie es zu diesem Buch kam

Dies ist ein Buch gegen die Resignation in einer entheiligten Welt. Es ist in der Hoffnung geschrieben, dass es möglich sein müsste, trotz der immer stärker spürbaren Schatten, welche die technischen Errungenschaften der Menschheit werfen, eine weiträumigere Einstellung zu finden, um den Mut nicht sinken zu lassen. Die Hoffnung nicht zu verlieren, dass das „neue Bewusstsein" für die elementare Verbundenheit von Mensch, Erde und allen Erscheinungen des Kosmos, das vor Jahrzehnten in vielen religiösen und nicht religiösen Menschen, Wissenschaftlern und Laien verstärkt aufzuleuchten begann, nicht verloren ist. Dass es in vielen Einzelnen weiterlebt und durch sie gestärkt werden kann, auch wo sie versucht sind, zu kapitulieren vor der Ignoranz gegenüber der Bewahrung der Schöpfung und gegenüber der Schönheit und Lebendigkeit von Seele und Geist, wie sie uns im nicht manipulierten, unverzweckten Sein begegnen.

Es ist ein Buch, das ich zuallererst gegen meine eigene Resignation geschrieben habe. Gegen die Angst vor der täglich erlebten Übermacht der überreizten Gedankenlosigkeit, Seelenlosigkeit und Brutalität, mit der wir in viel zu vielen gesellschaftlichen und politischen Bereichen konfrontiert sind und die offen aggressiv in unser Leben hineinwirken.

Und es ist auch ein Versuch, zu verstehen. Ein Versuch zu verstehen, was weiterhelfen könnte, welche Haltung, welche Einstellung zu *„Mensch, Ding, Erde"* (Erich Neumann), zum „Guten" und „Bösen" in der Welt. Auch ein Versuch, auszuloten, welche Herausforderungen unsere überkommenen Wertungen an uns stellen. Wo wir nicht nur nach außen schauen dürfen und die „Schlechtigkeit der Welt" beklagen, sondern immer wieder auch uns selbst prüfen müssen, wo wir einseitige Urteile pflegen, wo wir die Konfrontation mit uns selbst scheuen, um damit eine fragwürdige Identität zu stabilisieren. Eine fadenscheinige Identität, die uns nicht wirklich von innen heraus Kraft geben kann für eine hilfreiche Sicht und Lebensweise, weil sie inneren Wandel verhindert.

Alles, was ich geschrieben habe, steht unter diesem Vorzeichen dieses Versuchs, eines für mich existenziell wichtigen Versuchs gegen die Resignation. In immer neuen Ansätzen bin ich dem nachgegangen, was mir gerade als Wegzeiger erschien.

Das ist nicht ganz ohne Anklagen abgegangen, aber es haben sich mir zunehmend Blickwinkel gezeigt, die mich selbst überrascht haben, und offene Türen, die vielleicht nicht in eine solch vollkommene „*Losgelöstheit*" und „*Gelassenheit*" führten, von der Raimon Panikkar im vorangestellten Zitat spricht, aber mir doch eine neue Freiheit in der Betrachtung von bisher (nur scheinbar) verschlossenen Möglichkeiten öffneten – und am Schluss winkte mir tatsächlich ein neuer Anfang zu.

In jedem Fall ist mir durch diese Arbeit vieles „aufgegangen", und auch wenn es erst reifen muss gilt, sagt die Hoffnung: „Was nicht ist, kann noch werden"...

Vor allem ist es mir gelungen, meine eigene Hoffnung wiederzubeleben, die Hoffnung, dass Hoffnung möglich ist. Und die Erinnerung daran, dass sie der sorgfältigen Pflege und Kultur bedarf, um eine „*docta Spes*" (Ernst Bloch im „*Prinzip Hoffnung*") zu werden, eine *bewusste,* nicht rein affektiv, sondern auch kognitiv verankerte Hoffnung, die sich nicht vom Misslingen unmittelbarer Ergebnisse und Ereignisse verstören lässt, sondern das Vertrauen auf eine uns übersteigende Dimension wachhält. Eine herzweitende Dimension, in die wir durch eine „schöpferische Resignation" hineinwachsen können, indem wir uns immer wieder unserer Fixierungen und daraus entstandenen Ängsten bewusst werden und sie in einen freieren Horizont hinein zu überschreiten versuchen.

Teil I

Die religiöse Herausforderung

„... in dieser Erfahrung von Transparenz und Transzendenz der Erde scheint mir ein wesentliches Stück der neuen Religiosität des modernen Menschen zu bestehen ... Mensch, Ding, Erde. Das sind die großen Gegenstände, an denen sich der moderne Mensch, wissend oder nichtwissend, auseinandersetzt. Und diese Auseinandersetzung ist religiös, gerade weil sie nicht mehr oder kaum mehr vom Göttlichen spricht."

Erich Neumann in „Die Bedeutung des Erdarchetypus für die Neuzeit"[1]

Göttlichkeit des Irdischen? Neues Bewusstsein?

„Mensch, Erde, Ding" als sakramentales Zentrum in Sonntagspredigten – wäre das nicht längst ein besseres Heilmittel gegen die spirituelle Ratlosigkeit Sinn suchender Menschen als das pastorale Kreisen um „Sünde, Schuld, Buße und Gnade"? Die drängenden Fragen zu Würde, Erhalt und Pflege der Schöpfung, zu Ausbeutung und Herabwürdigung von Mensch und Erde wichtiger als Kreisen um Kirchenbesucherzahlen und werbewirksame Events?

Es gab eine Zeit, in denen massive gegenkulturelle Bewegungen diese Themen für sich besetzten: Hippies, Blumenkinder, „Aussteiger" aller Art träumten von alternativen Lebenskonzepten im Einklang mit der Natur, indische Gurus zogen ihre Anhänger nach Indien oder in die Schweizer Berge zur Selbst- und Sinnenerfahrung, esoterische „Freistilkonfessionen" (Peter Sloterdijk, selbst ein Indienfahrer), Vegetarismus, Veganismus, Reinigungsrituale, Geomantik halfen Körper und Geist in subtilere Schwingungen zu versetzen, „Bewusstseinserweiterung" und geistige

---

1   Erich Neumann, Die Bedeutung des Erdarchetypus in der Neuzeit, in: Die Psyche als Ort der Gestaltung, Frankfurt 1992, S. 46

Transformation fühlten ein neues Zeitalter, neues Bewusstsein nahen (Sammelbegriff „New Age", der Ende des 20. Jahrhunderts wieder aus der Mode kam).
Damals träumten durchaus realitätsorientierte progressive Köpfe von einem dringend nötigen gesellschaftlichen Wandel. Von einem neuen Bewusstsein, in dem es möglich würde, die Ketten des kapitalistischen Denkens und der zerstörerischen Gefangenschaft im Wettrüsten mit ihren greifbar katastrophalen Folgen abzuwerfen und der Menschheit die Gleichheit, Freiheit und Brüderlichkeit zu schenken, die einst die Revolutionäre der westlichen Welt erhofft hatten. Viele der damals begonnenen Aufbrüche, etwa Gleichberechtigung, pädagogische und ökonomische Chancengleichheit, Ökologie und vieles mehr, war durchaus intellektuell seriös verankert. Doch vieles war auch grundiert von einer unterschwelligen Erregung und Hoffnung auf „Erleuchtung", welche dem Blick des Bürgers die ganze Szene verdächtig machte: Darum wurde das „New-Age ähnlich wie „Esoterik" als Feld betrachtet, auf dem sich die „Geisterer und Schwärmer" tummelten: Als solche hatte einst schon Luther alle abgetan, die von den offiziellen Doktrinen abwichen und einem umfassenderen Bewusstsein, einer Gott, Mensch und Natur verbindenden Kosmologie unter dem Einfluss des Rufs der anfänglichen göttlichen Weisheit (Spr 8) den Boden bereiten wollten.

Was jedoch durch die „New-Age"-Bewegung sichtbar wurde (aus welcher in den 70er- und 80er-Jahren auch die Friedensbewegung und die Befreiungstheologie hervorgingen): Dem Menschen ist trotz aller „Aufklärung" die Ahnung eines mystischen „Jenseits im Diesseits", eines universalen Immateriellen im Materiellen eingeschrieben.
Und darum erwacht sie immer wieder, diese Sehnsucht nach einem „neuen Bewusstsein": Immer mehr hauptsächlich jüngere Menschen werden sich der subtilen Vernetzungen in unserer Welt bewusst, spüren aber auch ein geheimnisvolles, unsichtbares Wesen im Ineinanderspiel des Sichtbaren: Sei es in den Mög-

lichkeiten der Kommunikationstechnologien, sei es – auf etwas anderem Niveau – als Ahnung einer innersten geistigen Kraft, die Mensch, Tier, Pflanze, Ding und Erde verbindet. Zusammenhänge werden konkret erlebt in Klimawandel, Mikroplastik in den Weltmeeren, Artensterben durch Pestizide, Tierleid in der Massenhaltung und eine Ahnung erwacht, dass da etwas schief läuft, dass es eigentlich kein „nichts als" geben kann: kein Plastikbecher, kein Müllsack, kein Straßendreck, kein Stein, kein Kraut oder „Unkraut", kein Wurm, kein Huhn, kein Schwein ist „nichts als". Alles in der Welt basiert auf etwas Gemeinsamem, jedes Partikel unserer Welt ist irgendwie belebt – neuerdings (ich schreibe im Frühjahr 2020) wird das erschreckend bewusst an einem Virus, einem unheimlichen „Schädling", den die Wissenschaftler noch nicht einmal zu den Lebewesen zählen, der aber ständig Erscheinung und Wirkung verändern kann, ohne im „normalen Leben" wahrnehmbar zu sein. Und trotzdem wirkt er auf unsere Körper, auf unsere Materie, belastet unsere Seelen und scheint wie von einem eigenen Geist beseelt zu sein. Was also ist es, das ihn belebt?
Erich Neumann nennt diese Etwas „Geistpsyche":

> *„Alles, was wir erfahren ... ist formende und geformte Geistpsyche. In diesem Sinne gibt es, wenn wir unsere Erfahrung analysieren, keine Materie, die im Gegensatz zum Geist steht und geistfrei ist... Eine Annäherung an die Welteinheit des Wirklichen erfolgt... mit der irdischen Welt selber, mit ihren Erscheinungen, mit ihren Dingen." (Neumann, S. 45)*

Wenn das aber so ist, ist es nicht gleichgültig, wie wir mit uns und der Welt umgehen. Und für einen neuen Umgang bräuchten wir eine Wiedererweckung des „neuen Bewusstseins", das uns schon einmal näher schien.
Nennen wir diese unnennbare schöpferische „Geistpsyche" einmal christlich-altertümlich „Gott". Dann müssten wir *alles*, was wir sehen, hören, erleben, tun, als „Gottesereignis" betrachten,

als „Selbstmitteilung" des Göttlichen! Und damit etwas Sakramentales, Heiliges – und zwar ohne Ausnahme! Was sollte es auch sonst sein? Wenn sich das Unendliche im Endlichen offenbart, das Unvergängliche im Vergänglichen, das Absolute im Relativen, dann gibt es keine Trennwand dazwischen – auch wenn wir im praktischen Leben wissen müssen, dass man „an einem Regenbogen keine Wäsche aufhängen wollen" soll, wie der Dichter Friedrich Hebbel (1813-1863) einmal warnte.

Aber unser Verstand sollte auch nicht so beschränkt sein, die Erscheinungen der Welt als „nichts als" tote Verfügungsmasse zu betrachten. Der junge Philosoph, Platonübersetzer und Theologe Friedrich Daniel Schleiermacher (1768-1834) etwa spricht 1799 in seinen aufrührerischen „Reden über Religion – an die Gebildeten unter ihren Verächtern" davon, dass das *„Universum"* als eine allen Verstand übersteigende schöpferische Wirkkraft *„in einer ununterbrochenen Tätigkeit"* sei, die *„sich in jedem Augenblick"* offenbart, weshalb man sich *„alle Begebenheiten in der Welt als Handlungen eines Gottes vorstellen"* muss (Reden S. 32).

Dass er lieber vom „Universum" als von „Gott" spricht, ist im Hinblick auf die „aufgeklärten" Verächter aller Religion ein guter Schachzug. Denn „Uni-versum" ist das „auf Eines Gewendete" und bezeichnet so eine ganzheitliche, kosmische Grundordnung, in die alles und jedes einbezogen ist. Es gibt nichts Isoliertes, das haben die Naturwissenschaften längst festgestellt (die Quantenphysik schon vor über 100 Jahren). Sie sind längst nicht mehr der „Feind" der Erkenntnis universaler Verbundenheit! Und in unseren Zeiten immer stärker sichtbar werdenden Globalisierungsauswirkungen, ökologischer Abhängigkeiten, digitaler Onmipräsenz samt ihren Chancen und Gefahren für die Menschlichkeit, wäre es dringend geboten, ein neues Bewusstsein für dieses *„Interbeing"* oder *„Intersein"*, zu gewinnen, wie es der buddhistische Friedensaktivist Thich Nhat Han nennt. Und was uns dabei helfen könnte, wäre durchaus auch eine Rückbesinnung auf christliche und vorchristliche Tradition, etwa der vorchristlichen Weisheitsbücher, mit denen ich mich vor ein paar Jahren näher befasst habe.[2]

Vor mir auf meinem Schreibtisch schaut mich ein kleines, rauschgoldengel-artiges Figürchen an. Eine Frau, die damals gerade mein Buch im Klosterladen gekauft hatte und mit der ich bei Tisch im Kloster Beuron in ein intensives Gespräch über die biblische Weisheit geraten war, hatte mir das grazile gold- und silberne Gebilde (samt Heiligenschein!) aus Bierflaschen-Stanniol gezaubert und zur göttlichen Sophia erklärt! Sie sollte mich immer erinnern an unsere Begegnung, unser Gespräch, vor allem an die Stelle in Sprüche 8 gleich zu Anfang, wo die göttliche Weisheit versucht von jeder Straßenecke und Wegkreuzung die Menschen dazu aufzurufen, ihre ganzheitliche „Urordnung"[3], in der alles mit allem verbunden ist, endlich zu erkennen! Selbst im geringsten „Abfallprodukt" wie dem Stanniol um den Hals einer Bierflasche ist sie da, zeigt das Figürchen – man muss sie nur zu erkennen wissen!
Denn überall und öffentlich ruft sie aus jedem scheinbar wertlosen „Material", winkt uns zu aus jeder kreativen Idee, an jedem profanen Ort weist sie auf das Schöpfungswunder in jedem scheinbar noch so trivialen Ding hin: zeigt sich in jedem Stückchen Glitzerpapier, jedem Turnschuh, in jedem Papp- oder Plastikbecher mit Coffee-to-go, in jedem im Gehen verschlungenen Fastfood, jedem beiläufigen Wischen auf dem Smartphone, in jeder zertretenen Zigarettenkippe ...
Öffentlich wäre sie sichtbar, erhebt ihre Stimme – aber wer sieht, wer hört sie? Wer nimmt wahr, dass das, was er da achtlos konsumiert, im Vorbeigehen kauft oder wegwirft, zuinnerst auf einem unbegreiflichen Geheimnis beruht, einem Schöpfungsgeheim-

---

2   Brigitte Romankiewicz, Sophia kehrt zurück – Evangelische Mystik im Schatten Luthers, Freiburg 2016
3   Gerhard von Rad, Weisheit in Israel, Neukirchen-Vlluyn 1970, S. 220 und a. a. O.

nis, in dem Geist und Materie eine staunenswerte Verbindung eingegangen sind?

Denen, welche die Worte der Weisheit einst in Dichtung verwandelten[4], war noch klar, dass es sich in den Dingen der Welt, die uns umgibt um eine „Selbstoffenbarung der Schöpfung"[5] handelt, um die physische Manifestation der Geist-Weisheit, die vom ersten Augenblick der Welterschaffung an alles Existierende und Geschehende mitgestaltet durch ihr Spiel, ihren Tanz. Alle Dinge sind von ihrem geistigen Eros (v. Rad) durchwoben - wären sie es nicht, gäbe es keine Welt, keine Menschen, kein Tier, keine Pflanze, kein Ding! Darum wird sie als „ aller Kunst Meister" besungen, als das, was „gehet durch alles". Mehr noch: „Sie ist Eine und vermag doch alles. Sie bleibt, die sie ist und erneut doch alles ... Sie reicht von einem Ende zum anderen gewaltiglich und regiert alles ‚suaviter' (Weish. 7,21-30) - und dieses „suaviter", zu deutsch „süß", ist immer schon ein Kennwort der Mystik. Und Jesus Sirach (ebenfalls 1. Jh v. Chr.), lässt diese mystische Liebes- und Gestaltungskraft nun gar selbst sprechen:

„Ich bin Gottes Wort... Ich allein bin allenthalben, so weit der Himmel ist und so tief der Abgrund ist. Allenthalben im Meer, allenthalben auf Erden, unter allen Leuten, unter allen Heiden... Vor der Welt Anfang bin ich geschaffen und werde ewiglich bleiben" (Sir 2- 14).

Das alles erfahren wir über das göttliche, alles durchdringende schöpferische Wesen, seinen *geistigen Eros* und An-Ruf als „Weisheit in Israel"[6]. Aber es scheint nur bei wenigen angekommen zu sein.

Doch ihr Ruf geht nicht verloren. Lesen wir etwa nicht im „Prolog" des Evangeliums des Johannes (etwa 150 Jahre später) dasselbe?

Wer Ohren hat, der höre!

---

4   Die Sprüche Salomonis etwa im 4. bis 3. Jh v. Chr

5   Gerhard von Rad, Weisheit in Israel, S. 220 und a. a. O.

6   Gerhard v. Rad, S.217 ff

„Im Anfang war das Wort, und das Wort war bei Gott, und Gott war das Wort... Alle Dinge sind durch dasselbe gemacht und ohne dasselbe ist nichts gemacht" Joh 1,1- 3).

Da ist sie wieder, Gottes Stimme, Hauch (ruach) der Weisheit. Jetzt „Wort" benannt, *logos,* Ordnungsgeheimnis, *Geist,* Stimme, Ruf und Eros der Weisheit: Ohne das nichts in der Welt existierte! Essenz alles Existierenden und Geschehenden, Materie und Prozess ...
Und wieder will das keiner hören: Der Mensch will über diese Kräfte, die er nicht aus sich selbst hat, nach Gutdünken *selber* verfügen, „Spaß haben", alles Vorfindliche zur verfügbaren Masse erklären, mit der er machen kann, was er will.

Der Ruf der Weisheit verhallt also weiterhin ungehört, dazu braucht man nicht die ganzen warnenden, seit Jahrzehnten die Bibliotheken füllenden Bücher zur Endlichkeit der Ressourcen, zu Ökologie usw. aufzuzählen: Längst sind die unheilbaren Schäden, die man Erde, Natur und Menschen zugefügt hat *öffentlich (!)* sichtbar, an jeder Straßenecke, an der ein Ausgegrenzter betteln muss, hörbar in allen Nachrichten über Kriege, Flüchtlingselend, Klimakatastrophe: Der „Ruf" der Weisheit ist längst zum Schrei geworden - aber bis auf wenige Einzelne und Gruppen scheint die Menschheit taub zu sein dafür, ja, sie scheint mit Blindheit für die Wirklichkeit geschlagen, die Augen hinter lichtundurchlässigen bizarren „Erlebnis"- Gerätschaften, innerhalb derer sie in Kunstwelten herumtaumeln können.

Wem das alles zu „fromm" klingt, der kann das Buch jetzt beiseite legen. Vielleicht liest er aber zuvor noch einmal Erich Neumanns Sätze, die ich vorangestellt habe. Denn in *Mensch, Erde* und den *Dingen* will die Weisheit gehört und gesehen werden, als „Gottesereignis", und nichts weniger! Und so wie es in der Welt aussieht, gilt es dringend hinzuhören und *Antwort* zu finden auf Ruf oder Wort, die von der ursprünglich gemeinten Schöpfungs-

ordnung ausgehn. Und die ist keine spezifisch jüdisch-christliche Erfindung, sondern universal und transreligiös, und so geht es auch in ihrer Missachtung um ein universales Problem, ein zugleich religiöses und transreligiöses:
Ob wir die Bedeutung nun von lat. *religare* (= wiederverbinden) oder von *religere* (=sorgfältig beachten) herleiten, wie C. G. Jung vorgeschlagen hat, kommt auf dasselbe heraus. In jedem Fall müssen wir zu einer neuen Haltung der sorgsamen Wahrnehmung und Beachtung finden, unsere von Anfang an gegebene Verbundenheit mit der uns umgebenden Welt, auch der Dinge. Eine Haltung der „Achtsamkeit", um ein heute viel gebrauchtes Wort zu nennen. Einer neuen, offenen Beziehung, die uns einerseits „wiederverbindet" mit unserer Mitwelt, aber in uns zugleich einen frischen, schöpferischen Blick darauf „ent-bindet".

Möglicherweise hat sich ja die missachtete Weisheit im Moment auch verkleidet, zeigt uns unbelehrbaren ein gar nicht „süßes" Bild von sich, sondern wusste keinen anderen Rat, als sich als unbekanntes Virus zu maskieren, das nun im Gewand von „Corona" oder „Covid 19" die ganze Welt erschreckt und tatsächlich zu einem Umdenken führen *könnte* - vorausgesetzt, man hört genau hin und wischt die Botschaft nicht gleich wieder beiseite, um so bald wie möglich wieder unverantwortlich „auf der Erde herumzutoben", wie der Quantenphysiker Hans-Peter Dürr unsere ausbeuterischen Lebensgewohnheiten nannte.

Geist und Seele der Dinge

„Weisheit" im Sinn göttlicher Urordnung und des inkarnierten „Worts" oder „Rufs" ist nicht etwas Abgehobenes, hoch über den Ereignissen der Welt Schwebendes. Vielmehr wirkt sie in einem faszinierenden Zusammenspiel mit der Welt bis in kleinste Zusammenhänge hinein, ob wir das wahrnehmen oder nicht. Sie ist das, was der Physiker David Bohm (1917-1992) in seinem 1980 erschienenen Grundlagenwerk zum Holismus (Ganzheitlichkeit) die „implizite Ordnung" nannte[7], die aller Erscheinung „eingefaltet" innewohnt. Weisheit und Welt sind demnach untrennbar. Das entspricht ziemlich genau der traditionellen jüdischen Auffassung, dass Weisheit immer etwas sei *das dem Menschen in der Welt von der Welt her realiter widerfährt"*, wie der Alttestamentler Gerhard von Rad in seiner fundamentalen Studie über das Weisheitsbild in Israel sagt, eine *„auf ihn einwirkende, ihn korrigierende Ordnungsmacht".*[8] (S. 202).
Lassen wir also die Phantasie einer über die „An-sprüche" des Alltags und der realen Welt erhabene Weisheit schleunigst hinter uns!
Die Weisheit ist die *Weltseele,* nach israelischer Tradition der schöpferische „Hauch" (*ruach*), Pneuma, Heiliger Geist, der *alles* durchzieht was ist, sodass der „Ruf" der Weltseele von *allem* Irdischen ausgeht, das uns begegnet: Sei es der Duft des Jasmins im Garten, sei es der kreischende Häcksler des Nachbarn. In allem ist sie Geist oder Seele in den Dingen selbst, die zu uns spricht. Es ist *ihr* „An-ruf" aus Welt, Erde und Dingen, selbst von einem unbekannten Virus kann er ausgehen ...

---

7   David Bohm, Wholeness And the Implicate Order, London 1980, deutsch: Die implizite Ordnung, München 1985.
8   v. Rad, S. 202

2016 sprach ich in einem interdisziplinären Arbeitskreis über *„Gottesoffenbarung und Leiblichkeit oder Zur Göttlichkeit der Materie."*[9]

Ich begann mit einem Gespräch zwischen James Hillman, einem jungianischen Therapeuten und dem Schriftsteller Michael Ventura.

Zusammen machen sie einen Spaziergang am Santa Monica-Pier in Kalifornien, vorbei an dem ganzen dort herrschenden karnevalesken, deprimierenden Betrieb und Elend: wohlhabende weiße Sonnenanbeter, buntes, teils obdachloses Volk, Betrunkene, lärmiges Konsumieren, Vermüllung und Verschmutzung direkt vor Augen.

Diese Szene aus einem Buch der beiden, das schon vor fast 30 Jahren erschienen ist, hat sich mir tief eingeprägt. Der Titel: *„Hundert Jahre Psychotherapie und der Welt geht's immer schlechter."*[10]

Die beiden haben sich auf einer Bank niedergelassen. Hillman schaut hinunter auf den Kontrast von Schönheit und Elend und sagt unvermittelt:

„Wir haben einhundert Jahre Psychoanalyse hinter uns ..., und der Welt geht es immer schlechter ... Wir sehen die Seele noch immer innerhalb der Haut. Man geht nach innen, um die Seele zu finden ...wir arbeiten unaufhörlich an unseren Beziehungen, an unseren Gefühlen, unseren Reaktionen, aber dabei übergehen wir etwas.

Was übergangen wird, ist der immer schlechter werdende Zustand der Welt. Warum hat das die Psychotherapie nicht bemerkt? Weil die Psychotherapie sich immer nur mit der ‚inneren' Seele beschäftigt. Indem sie die Seele aus der Welt herausnimmt und nicht erkennt, dass die Seele auch in der Welt ist, kann die Psychotherapie nicht funktionieren. Die Gebäude sind krank, die Institutionen sind krank, das Geldsystem

---

9   Veröffentlicht in der „Bibliographie zur Symbolik, Ikonographie und Mythologie", Jahrgang 49/2016, Hrsg. Hermann Jung und Peter Eschweiler, Baden-Baden Verlag Valentin Koerner

10   James Hillman/Michael Ventura, Hundert Jahre Psychotherapie und der Welt geht's immer schlechter, Solothurn 1994

ist krank, die Schulen, die Straßen - die Krankheit ist draußen ... Das Meer da draußen ist krank, der Fisch ungenießbar."
Darauf Michael Ventura:
„Wie wenn wir den Geist in den Dingen geleugnet hätten und der beleidigte Geist als Bedrohung zurückkommt. Weil wir die Seele der Dinge geleugnet haben, zu den Dingen – mit Descartes – gesagt haben: ‚Ihr habt keine Seele', haben sich die Dinge umgedreht und gesagt: ‚Pass nur auf, was wir für eine Seele ich habe, ihr Idioten!'"[11]

Es folgt eine Klage über die Infantilisierung der Gesellschaft, eine Politik, die „zu einem Kasperltheater verkommen" sei, die hypertrophe kapitalistische Wachstumsidiologie, das alles bestimmende geldgierige Tiefpreisdenken, Ausbeutung, Armut und Wegwerfmentalität, die alles entwertet und vergiftet, nicht nur die Dinge, sondern auch die Menschen. Wo ist sie hingekommen, die ursprüngliche schöpferische *anima mundi*, nachdem alles, Welt, Mensch und die Seele selbst zur Ware geworden ist, die in der Psychotherapie allein die Innerlichkeit des Individuums pflegt?

Wie klingt das heute für uns, im Jahr 2020, in der wir plötzlich die Unberechenbarkeit einer vielleicht rachsüchtigen *anima mundi* in Form eines weltweiten rätselhaften Lungen-Krankheitserregers erfahren? Bekommt sie keine Luft mehr?
„Pass nur auf, was für eine Seele ich habe, ihr Idioten" ...

Dem Gespräch auf der Bank über der Pazifik-Küste folgen lange Briefe, die sie einander schreiben. Und Hillman, ein origineller Denker, einst in Zürich bei Jung selbst in die Lehre gegangen, nimmt scharf den Begriff der *Individuation,* eines Kernelements der analytischen Psychologie aufs Korn: Denn die Anschauung der *Individuation* sei nur auf den Menschen bezogen (auf dessen psychischen Prozess, der im Einzelnen sein individuelles

---

11   James Hillman, Michael Ventura, Hundert Jahre Psychotherapie und der Welt geht's immer schlechter, S. 14/15

Potential, seine Persönlichkeit zur Reife bringen soll durch Bewusstwerdung seiner Anlagen, Befreiung von kollektiven Überformungen, zur Übernahme von Verantwortung für seine individuellen Möglichkeiten): Ein Kurzschluss.

Denn Hillman, der so ausdrücklich diesen Rückzug des Einzelnen auf sich selbst als Element der Verelendung der Welt sieht, setzt nun diesem *„persönlichen Kapitalismus"* pointiert seine eigene, provokative Sicht entgegen. In einem Brief an Michael Ventura:

„Die Vernachlässigung der Um-Welt, des Körpers der Welt, ist unmittelbar mit unserem persönlichen ‚Wahnsinn' verbunden ... denn in diesem Körper ist auch die Seele der Welt...

Den Gebrauch des Begriffs Individuation kann ich heute eigentlich nur noch so rechtfertigen, dass ich ihn als Individuation eines jeden Augenblicks im Leben, einer jeden Handlung, einer jeden Beziehung und aller Dinge auffasse. Die Individuation der Dinge. Nicht nur meine Individuation mit ihrem Glauben an ein inneres Selbst ...Wir könnten uns auf das Seelenpotential des Objekts konzentrieren..."

Es gehe um „die Individuation einer jeden Handlung, die wir verrichten, und eines Gegenstandes, mit dem wir leben, eine Aktualisierung von dessen Potential ...so dass die innere Würde, Schönheit und Integrität eines jeden Gegenstands von der Türklinke über den Bürostuhl bis zum Bettlaken in ihrer Einmaligkeit voll gegenwärtig werden kann... Hierfür brauchen wir das individuierende Auge, das sehen kann, was Wallace Stevens ‚das Gedicht im Herzen der Dinge' nannte ... Individuation beginnt also mit Aufmerksamkeit, einer bewussten Wahrnehmung des Besonderen, was konkret vorhanden ist, damit es ganz das werden kann, was es ist. Nichts anderes hat die Therapie bisher gemacht, nur hat sie ihre Aufmerksamkeit ausschließlich auf den Menschen gerichtet.

Michael, wenn wir nicht anfangen, mit der Ausdehnung der Individuation auf die Welt der Dinge zu spekulieren und zu experimentieren, bleibt diese Idee in den Fängen eines persönlichen Kapitalismus, bleibt sie eine Unternehmung zur Entwicklung meines eigenen Privatbesit-

*zes ... meiner persönlichen Reise, meines weggeschlossenen Tagebuches,
und die entsprechende Geste weist von der Welt weg und zeigt auf die
inneren Gemächer der Brust. Ich und nur ich...
Wenn ich von Türklinken und Bierdosen spreche, dann ist mein Anliegen eine Verlagerung der Idee der Tiefe von der Psychologie des inneren
Menschen auf eine Psychologie der Dinge, eine Tiefenpsychologie der
Extraversion."(S. 65/66)*

Kurz gesagt: Hillman geht es darum, Dinge nicht länger als *Objekte* zu sehen, sondern als *Subjekte* mit eigenständigem Recht auf
„Personwerdung".
Religiös formuliert: Um die Wahrnehmung aller Dinge, Handlungen und Geschehnisse als „Gottesereignisse", die „geheiligt"
werden müssten.

Geheimnisse der Dinge, Geheimnisse der Materie

Was James Hillman hier (1992!) über die „Individuation der Dinge" andenkt ist heute so aktuell wie damals. Auf Deutsch ist das Buch 1994 erschienen, gleichzeitig mit meinem allerersten Buch, im damals noch existierenden Walter-Verlag. Alle Ausräumaktionen hat das Buch überstanden: Etwas raunte mir immer zu, es zu behalten. Jetzt holte es mich wieder einmal ein. Und obwohl mein Vortrag damals eine Provokation für die anwesenden Therapeuten hätte sein können, erntete ich überraschenderweise viel positive Resonanz, auch von den anwesenden künstlerisch, kunstwissenschaftlich oder philosophisch orientierten Teilnehmern.
Wundert mich das?
Eigentlich nicht.
Denn ich beobachte ja schon lange an mir selber, dass die wesentlichen Impulse für mein Erleben, Denken und Schreiben sehr oft von „Dingen" ausgehen, seien es „Naturdinge", Bilder oder vielleicht irgendwelche Fundstücke aus allen möglichen Bereichen. Oft scheint mir davon ganz spontan eine zunächst unbegreifliche Magie auszugehen, seien sie nun im landläufigen Sinn „schön" oder nicht. Wobei die Funde aus der Natur zweifellos das größte Faszinosum in sich tragen, ja, mich geradezu fassungslos machen können, dazu nur ein kleines Beispiel aus meinem Garten: Ich glaube, wer nur ein einziges Mal die Schmetterlingspuppe eines Admirals gefunden hat, die wie pures Gold schimmernden regelmäßigen Punkte auf dem eigens für die Metamorphose dieses später ebenso unfassbar schönen Wesens gewobenen Kunstwerks, wird nie wieder daran zweifeln können, dass dabei eine göttlich-künstlerische Geistkraft am Werk gewesen sein muss. Ja, dass sie selbst in diesem Kunstwerk *anwesend* ist, eine Manifestation eines unbegreiflich verschwenderischen Schönheitswillens! Ich sage verschwenderisch, denn dieses kostbare goldgeschmückte Puppenkleid wird eines Tages einfach zurückgelassen, zu nichts mehr „nutze" – aber auch dann noch ist sie

ein Schmuckstück, einfach geschaffen um seiner Schönheit selbst willen.

Unzählige solcher Wunder könnte ich aufzählen, bescheide mich aber mit nur zweien: Mit den beiden Steinen, die derzeit auf meinem Schreibtisch liegen. Der eine stammt aus einem Steinbruch in Ottenhöfen, Schwarzwald: Ein sogenannter „Dendrit", das heißt, er ist über und über geschmückt mit Manganausblühungen, die aussehen wie kleine vielverzweigte Bäumchen (gr. *déndra*) oder Pflänzchen, die auch jedem kindlichen Blick als solche erscheinen müssten: Als träume der Stein davon, etwas aus sich hervorgehen zu lassen, das der „höheren" Lebensstufe der Pflanzen angehört! (Darum liegt in meiner Phantasie schon länger eine Märchengeschichte um ihn bereit. ...)

Darin müsste dann aber auch der danebenliegende Stein vorkommen, den ich zum 40. Geburtstag von einem Freund für meine kleine Wunder-Mineraliensammlung geschenkt bekam: Auf einem flachen, glänzenden, wie Fischhaut schimmernden Untergrund sitzt obenauf, noch halb darin eingebettet, ein großer, dunkelroter Granat, und an der Unterseite sieht man Ausbrechstellen von kleineren Kristallen, die dort gewachsen waren. Man sieht sogar, dass der Steinbrocken geradezu angefüllt sein muss, mit Granatkristallen – und für mich wird ewig das große Rätsel bleiben, welcher Impuls in einer Gesteinsmasse plötzlich die Gestaltung eines solch kostbaren Kristalls anregt – der dann von der übrigen Materie klar abgegrenzt wird! Schon seit meiner Kindheit beschäftigt mich das und noch bis heute: Wie kann es sein, dass im Quittengelée, das im Keller goldfarben und homogen wie durchsichtiger Honig auf seine Verwendung wartet, plötzlich eines Tages kristalline Strukturen erscheinen, „Quittenzuckerkristalle"? Wer hat das Gelée geheißen, so etwas zu tun? Keine „wissenschaftliche" Erklärung wird mich da je zufriedenstellen!

Und darum ich wundre mich darum auch nicht im geringsten, dass viele intutiv begabte Wissenschaftler und Denker (etwa auch C. G. Jung), zuvörderst der große Geologe und Paläontologe Teilhard de Chardin schon von frühester Kindheit an dem Zauber von Steinen und Kristallen erlegen ist, die ihn nie mehr losließ und in ihm eine große Liebe zu den Wundern der Welt weckte. Denn in jedem materiellen Gegenstand findet sich im Grunde die Geschichte und der ganze Kosmos zusammen: Vulkanische Urkräfte im Stein, „Sternmaterie" in Meteoriten, Erde, Mineralien, pflanzliches Wachstum im Holz, alchemistische Prozesse im Glas, in Plastik – nicht zu vergessen die Kräfte von Menschen, mit ihnen umgehen und die letztlich selbst aus anorganischer Substanz bestehen, Kinder der Erde und des Himmels sind, aus Luft, Sonnenschein, Mineralien und Wasser bestehen und so mit allen anderen Wesen verbunden sind, belebten und unbelebten. Und die Wunder wahrnehmen mit ihrem schöpferischen Geist, der wiederum Ernährung braucht: *„Der ganzen Erde bedarf es, um unsereinen zu ernähren"*, schreibt Teilhard einmal.[12] Darum ließ seine Liebe zur Erde auch keineswegs nach, als er sich entschloss, Jesuit zu werden und sein Leben ganz dem *„göttlichen Bereich"* (so der Titel einer seiner weltberühmten Schriften) zu weihen. Ihm war unterschwellig immer gewiss, dass „Gott" und „Welt" keine Gegensätze sein können, und dass Materie nicht nur eine Erscheinungsform des Göttlichen sein müsse, sondern dass der *„Weltstoff"* eine *„bewusste Innenseite"* habe.[13] Und seine größte Sehnsucht war, dass ihm *„die Verschmelzung der beiden großen Erscheinungsweisen der Liebe, der Liebe zu Gott und der Liebe zur Welt"* ermöglicht würde.[14] Und sein größtes Anliegen das *„Bemühen, zu sehen und sehen zu machen, was des Menschen Bestimmung und Anspruch ist."*[15]

---

12 Pierre Teilhard de Chardin, Der Mensch im Kosmos, München 1982 (Paris 1955) S, 252

13 Ebda S. 47

14 Pierre Teilhard de Chardin am 31. 12. 1926 an seinen Freund Auguste Valensin, zit. in „Briefe an Leontine Zanta", Freiburg 1967, S. 44

15 Pierre Teilhard de Chardin, Prolog zu „Der Mensch im Kosmos", S. 17 (Hervorhebungen von B. R.)

Der *Ruf,* die *Stimme,* der *An-Spruch:* Teilhard ist durchdrungen von dem sicheren Gespür, dass es genau darauf ankomme, den *Ruf* der göttlichen Weisheit, zu vernehmen, den er auch als „Ruf der Materie" wahrnahm, weil in seinen Visionen universaler Geist und Materie nie getrennt waren. In ihrer ganzen Fülle erkennt man sie „*auf der Spur ... dieses besonderen Geschmacks* [lat. *sapientia,* Weisheit!], *den man ... unmöglich mit anderen Leidenschaften der Seele verwechseln kann ... weil er einer Ordnung angehört, die höher ist als all diese Emotionen, und weil er sie alle enthält*"[16] So kommt also wohl die Rede von der Verborgenheit oder dem „Verhülltsein" (wie im Hiobbuch)[17] der göttlichen Weisheit von unserem merkwürdigen Kurz-Schluss, vielleicht einst zur Abgrenzung von naturmystischem „Heidentum" gezogen, dass unsere stoffliche Erscheinungswelt „nichts als" Materie sei und mit dem Göttlichen nichts zu tun habe, ja geradezu ein zu überwindendes Hemmnis, gar Verführung auf dem Weg zum Glauben. Dabei hatten schon vor 1000 Jahren große Heilige wie Hildegard von Bingen (1098-1179) und Franz von Assisi (1182-1226) diese dualistisch-eingefrorenen Glaubensvorstellungen längst überschritten, aber religiöses Allgemeingut ist diese Einsicht noch lange nicht. Immerhin sind sie inzwischen so weit wieder erwacht, dass ein Papst namens Franziskus 2015 eine bemerkenswerte Enzyklika ins Volk gebracht hat, mit der Aufforderung, die Schöpfung Gottes zu rühmen und zu bewahren („*Laudato si*"[18]), und der Franziskanermönch Richard Rohr (geb. 1943) in seiner plakativen Art formulieren kann: „*Gewöhnliche Materie ist das Versteck des Geistes und insofern Körper Gottes. Was könnte das denn sonst sein, wenn wir – mit allen rechtgläubigen Juden, Christen und Muslimen – annehmen, dass ‚ein Gott alle Dinge erschaffen hat'*"?"[19]

---

16   Pierre Teilhard de Chardin, „Das Herz der Materie", Olten und Freiburg, 1990, S. 29/30. Interessant ist, dass er von seiner Intuition als „Geschmack" spricht: der lat. Name der Weisheit ist *sapientia,* dieselbe Wortwurzel wie *sapio* = ich schmecke

17   Hiob 28,21

18   Papst Franziskus, Libreria Editrice Vaticana 2015, deutsch Leipzig 2015

19   Richard Rohr, „Alles trägt den einen Namen", Gütersloh 2019, S. 27

Pierre Teilhard de Chardin hat das schon als Kind tief empfunden. Für ihn ist das „Herz der Materie" zugleich das „Herz der Welt" und des Kosmischen Christus.

Ich habe mit Hilfe eines antiquarisch erstandenen Lexikons[20] versucht, Teilhards Kosmologie der göttlich durchdrungenen Schöpfung und ihrer geistigen Entwicklung zu verstehen und seitenlange Exzerpte aus seinen Werken und Lebensbeschreibungen gemacht, und kann mich nur immer wieder wundern über die Engstirnigkeit seines Ordens und seiner Kirche, der er dennoch gegen alle Widerstände und Schikanen treu geblieben ist, unermüdlich seine großartige Vision von der Würde der Materie und der Evolution des Geistes verfolgend. Bis heute gilt er als der Vordenker aller Ganzheitskonzepte von Jean Gebser weit über die inzwischen im digitalen Technologiefimmel versunkene „New-Age"-Bewegung hinaus bis hin zu Ken Wilber.

Es ist hier nicht der Ort und übersteigt auch meine Möglichkeiten, ausführlicher auf Teilhard einzugehen – ich will nur kurz andeuten, was mir für mein Anliegen in diesem Buch aus den Texten Teilhards wichtig geworden ist. So beschreibt er in seiner Schrift über *„Das Kosmische oder das Evolutive"*, wie in ihm während seines Theologiestudiums in Hastings die Einheit von Geist und Materie und die fortschreitende Evolution des Bewusstseins zu einer Gewissheit und unmittelbaren Gegenwart wurde, nach eigener Einschätzung wohl vorbereitet durch intensive Naturerfahrungen in Ägypten. Diese lebenslang unumstößliche Gewissheit schildert er als eine *„Hochspannung, der drei zündenden Elemente, die sich im Lauf von dreißig Jahren langsam im Innersten meiner Seele angehäuft hatten: **der Kult der Materie, der Kult des Lebens, der Kult der Energie.** Alle drei fanden ... eine mögliche Synthese in einer Welt, die sich plötzlich aus der zerstückelten Bedingung eines statischen Kosmos (unter Hinzufügung einer weiteren Dimen-*

---

20   Adolf Haas, „Teilhard de Chardin-Lexikon", Freiburg 1971

sion) übergehen sah in den organischen Zustand und die organische Würde einer Kosmogenese."[21]

Und diese Schau einer *„organischen Würde"* einer fortschreitenden Evolution der geistigen Möglichkeiten zu einer „höheren Ordnung" unter „Hinzufügung einer weiteren Dimension" und durch *„Kult der Materie, Kult des Lebens und Kult der Energie"* macht die geistige Achse aller Visionen Teilhards aus, die er zeit seines Lebens umkreiste und auch dichterisch suggestiv darzustellen versuchte. In dieser Hoffnung ließ er sich auch durch augenscheinlich gegenläufige politische und menschliche Krisenerfahrungen nie beirren. Der Paläontologie-Forscher und Mitentdecker des *Homo Pekinensis* schrieb vielmehr in *„Mensch und Kosmos"* einen Satz, den man sich zur Stärkung eigener Zuversicht auch in dieser Zeit des Umbruchs, in dem wir stehen und wo vieles „endzeitlich" anmutet, am besten rahmen und täglich vergegenwärtigen sollte:

„Das Leben benötigte eine halbe Million, vielleicht eine Million von Jahren, um vom Prähominiden [Vormenschen, B. R.] zum modernen Menschen zu gelangen, und weil dieser Mensch noch zu kämpfen hat ... sollten wir schon beginnen, zu verzweifeln? Dies wäre ein Irrtum in der Perspektive."[22]

Wie eindrucksvoll lässt dies die Energie und das Feuer der Begeisterung spüren, das einen jeden in seiner Umgebung faszinierte und belebte, und ihn seine unkonventionelle und neuartige Schau der Vereinigung von „Gott" und „Welt" unbeirrbar verfolgen ließ! Denn er war zudem davon überzeugt von einer Dynamik, die viele Jahre später dann Eingang in verschiedene Theorien von „Feldern" (etwa bei dem Naturwissenschaftler Rupert Sheldrake) einfließen sollte (und die ebenfalls gerahmt oder auswendig gelernt werden müsste!):

---

21   Das Herz der Materie, S. 41, Hervorhebungen von B. R.
22   Mensch und Kosmos, S. 261/262

„Wird eine Wahrheit erst einmal erkannt – auch nur von einem einzigen Geist – so kann ihr am Ende die Gesamtheit des menschlichen Bewusstseins nicht mehr ausweichen."[23]

Erkannt werden kann aber eine Wahrheit nach Teilhard nur von Menschen, die ihre völlige „Personalisation"[24] erreicht haben und so auch dieser Wahrheit persönliches Gewicht geben können. Sie nicht in der Anonymität der Abstraktion belassen, sondern in ihrem Wesen, ihrer Subjekthaftigkeit zur Wirkung kommen lassen, sodass sie auch für andere – durch gelebte „Personalisation" – Überzeugungskraft gewinnen.

---

23 Zit. n. Günther Schiwy, „Der Geist des neuen Zeitalters", München 1987, S. 18

24 Teilhards „Personalisation" meint in etwa dasselbe wie „Individuation" bei C. G. Jung

„Kult der Materie, Kult des Lebens und Kult der Energie"

Ich bilde mir ein, in diesem Satz sei so ziemlich alles enthalten, was James Hillman und viele „Alltagsmystiker" verschiedenster Epochen versucht haben zu verwirklichen, und es betrifft genauso das, was Erich Neumann mit seiner Auffassung einer religiösen Akzentuierung auf „Mensch, Erde, Ding" meinte. Auch für meine momentane und zukünftige Haltung, die ich ja hier schreibend reflektieren will, hat dieser Satz größtes Gewicht.

Die Rede vom „Kult" mag manchem Zeitgenossen zunächst befremdlich klingen. Was gilt heute nicht alles als „Kult"! Eine bestimmte Kaffesorte, ein Club, ein „kultiger" Kleidungs- oder Musikstil – doch wenn man genau hinsieht, ist selbst im gedankenlosen Gebrauch solcher Benennungen ein Körnchen der eigentlichen Substanz zu finden, eine Art parareligiöser Haltung.

Dem, was wir als „Kult" bezeichnen, ob im Bereich der „Stammeskulte", der Hochreligionen oder eben in „kultiger" Umgangssprache, liegt nämlich ein lateinisches Verb zugrunde, das eine Vielzahl von Bedeutungen in sich vereint: *colere* mit der Partizipbildung *cultus*, die sowohl unseren weiträumigen Begriff von „Kultur" geprägt hat, als auch den „Kult" im Sinne einer herausgehobenen oder heiligen Handlung.
Colere: Im Lateinischen ist der Bauer der *agri-cola,* derjenige, der den Acker, die Erde bebaut und pflegt. Daraus erahnen wir schon die Spannweite, die wir im Blick behalten sollten. Denn *colere* umfasst in seiner Grundbedeutung dies alles: *bebauen, bearbeiten, bestellen, gestalten, Sorge tragen, dienen, pflegen, kultivieren, ehren, verehren – und zuletzt auch noch wohnen, bewohnen.* Schon in der Feldbestellung des Bauern liegt also ein Pflegen, das sich der Ehrwürdigkeit der Erde und ihres Kultivierens verpflichtet, ein Sorge tragen dafür, ein Respekt vor ihrer Kostbarkeit, die durch „sorgfältige Beachtung" (*religio*) noch eine Veredelung erfährt. Insofern der Bauer um die nötigen Schritte beim Umgang mit

der ihm anvertrauten Materie weiß, ist er demnach dem Ursinn nach durchaus ein Wissender, ja, ein Weiser, der um eine dem Stadtbewohner oder Intellektuellen verborgene Weisheit und ihrer Geheimnisse weiß. Er ist ebenso ein „Eingeweihter", wie es der Priester in den Heiligtümern der Götter ist.

Dass beiden inzwischen in einer industrialisierten Welt der Sinn dafür abhanden kommt, müssen wir hier erst einmal nicht beklagen.

Aber wie eng die beiden scheinbar entlegenen Bereiche des bäuerlichen Kultivierens (dem in unseren Augen leicht der Geruch eines Minderwertigen anhaftet) und der Kult im Rahmen der verehrenden Heiligung in Religion miteinander verbunden sind, zeigt uns eine Regel des Heiligen Benedikt (um 500):

„Homo debet colere terram si vult volere Deum" – der Mensch muss die Erde *pflegen* (verehren, erfahren), wenn er Gott *verehren* (erkennen, erfahren) will.

Um diese quasi erdhaft gegründete Art des der Verehrung, die nicht ohne Wissen, genaue Kenntnis und Achtung und Weisheit möglich ist, geht es nun auch Teilhard de Chardin, wenn er von „Kult" spricht. Und ich bin sicher, dass diese Auffassung nicht weit entfernt liegt von dem, was James Hillman unter der „Individuation der Dinge" oder vom „Erkennen des Gedichts im Herzen der Dinge" versteht – samt der achtungsvollen Haltung, die unsererseits dazu nötig ist in unserem ganzen Leben und Tun. Und von der auch die Dichter wissen:

„Heilige Welt" *– so sehe, (er)lebe ich die Erde, wenn ich bei Sinnen, bei Vernunft (ja) und Verstand bin. Aber leider bin ich allzuselten bei Sinnen"*, schreibt Peter Handke in seinen subtilen Beobachtungen in *„Vor der Baumschattenwand nachts"*.[25]

In diesem Satz hätten sich vielleicht alle getroffen, Neumann, Teilhard und Hillman ...

Doch er macht auch eines klar: Die „Therapie" einfach vom Individuum hinaus auf Um-oder Mitwelt auszurichten und sich

---

25   Peter Handke, „Vor der Baumschattenwand nachtes", Salzburg und Wien 2016, S. 202

nur noch der „Heilung der Dinge" zu widmen, worauf Hillman provokativ das Gewicht verschieben will, wird so nicht funktionieren.

Denn Peter Handke spricht sehr klar aus, dass er die Welt nur als „heilig" empfinden kann, wenn er *selbst „bei Sinnen, bei Vernunft"* ist.

Statt dessen könnte man auch sagen: Ganz *bei sich,* in sich sicher gegründet, sodass er die Stimme der Weisheit, die zugleich Stimme des Geistes *und* der *Welt* ist, *vernehmen („Vernunft")* kann, die ihm zuruft, dass es auch an seiner *eigenen Haltung* liegt, ob er die Welt als gespalten sortiert in „gute Ereignisse" und „böse Ereignisse", schlechte und gute Dinge. Ob er festhängt in Vorstellungen auf einer Urteilsebene, die ohne Anker ist in einer sie *übersteigenden* Dimension oder offen für sie. Mit anderen Worten: Die Konzentration auf die Würde eines „Objekts" ersetzt nicht das Erkennen des eigenen Seelenzustands und eigener „Individuation". Nur wer sich seiner persönlichen inneren „Abgründe" bewusst ist (und nur dann kann er auch vollkommen „bei Sinnen" sein), wer in sich selbst zuhause ist, kann auch „Außendinge" wertschätzen und womöglich Empathie mit den Verursachern der unheilen Abgründen der Welt empfinden. Und ohne das bleibt er in seinen (Vor-)Urteilen gefangen und kann niemals die Welt „heilig" empfinden! Auch die Pflege dieser Selbsterkenntnis und des „In-sich-Wohnens" und der *Empathie* gehören also mit zu den Aufgaben des „Kults", denn *colere* bedeutet auch *wohnen* und *Wohnung schaffen,* eine *Wohnung bereiten.*

Und es ist ja eben eine solche ihrer selbst bewussten Wohnung, nach welcher die rufende göttliche Weisheit sucht! In der jüdischen Mystik gibt es dafür das Bild der blindgeweinten herumirrenden Schechina, Symbol und Personifikation der „Einwohnung" Gottes in Seele und Welt!

Doch es gibt Hoffnung: Die Erfahrung lehrt, dass aller Kult, alle Pflege von etwas, auf den Menschen zurückwirkt. Wenn also Teilhard den *„Kult der Materie, Kult des Lebens und Kult der*

Energie" fordert, so liegt darin tatsächlich ein Heilmittel. Wobei es wichtig ist zu wissen, dass Teilhard unter „Energie" nicht irgend eine physikalisch abstrakte Größe versteht, sondern eine *Bindungskraft,* eine *Beziehung,* die in konstruktivem tätigem und seelischem Engagement liegt und insofern durchaus auch den großen (und nicht nur in religiöser Sprache viel missbrauchten) Namen *Liebe* verdient, die *„universellste, ungeheuerlichste und geheimnisvollste der kosmischen Energien".*[26]
Und zu dieser Quelle oder Energie in sich finden eben viele Menschen erst durch eine Psychotherapie – in der sie etwa erst zu der *Erlaubnis finden,* sich selbst auch in ihrer abgründigen Seite anzunehmen, welche ja letztendlich für die „Unheiligkeit" der Welt mitverantwortlich ist, solange sie abgespalten und zornig *„hinausgeschleudert"* (lat. projiziert) und an den Dingen der Welt abreagiert wird. Erst wenn Menschen mit diesen verinnerlichten Resonanzen vertraut sind und zugleich eine weisheitliche Wegleitung „darüberhinaus" spüren, können sie Momente erleben, in denen sie „ganz bei Sinnen" sind.
Dann erst auch können sie sich konstruktiv dem Problematischen zuwenden, was sie aus der „äußeren" Welt anruft, und diese Begegnung setzt möglicherweise einen weiteren Reifeprozess in Gang, in dessen Verlauf sich ihr Erfahrungshorizont noch weiter öffnet und sie einen Blick erhaschen können auf die „höhere Ordnung", in die das alles gehört.
Denn in der Regel lässt sich kein Problem auf derselben Ebene lösen, auf der es entstanden ist. Sicher ist es gut, den moralischen Entschluss zu treffen, dass man sich für die „Bewahrung der Schöpfung", die Würde des Lebendigen und den Frieden („Kult der Materie, Kult des Lebens, Kult der Energie") engagieren will. Aber mir ist immer unwohl bei Parolen wie „für den Frieden kämpfen" und militanten Umwelt-Aktionismen. Wohl lässt sich da immer wieder Beachtliches erreichen. Doch solange ich die Verursacher von Unheilvollem als „Feinde" sehe, bin ich auf derselben Ebene wie sie in die Sache verstrickt! Dasselbe

---

26   Zit. n. Adolf Haas, Teilhard de Chardin-Lexikon Bd 1, S. 259

passiert im persönlichen Bereich, wenn ich beschließe, von nun an sanftmütig und tugendhaft auf Aggressionen zu reagieren, obwohl sie in mir dieselben Aggressionen wecken. Ein Schritt in die richtige Richtung ist eher getan, wenn ich mich bemühe, zu *verstehen,* was den „Feind" umtreibt, denn was wir verstehen, können wir nicht mehr so leicht verurteilen, ob es sich um äußere oder innere Konflikte handelt. Doch auch damit bewege ich mich immer noch auf der psychologischen Ebene. Wirkliche *Lösung* oder gar die „rufende Weisheit" hat aber ihre Wurzel (auch wenn der Konflikt über „weltliche" Dinge an mich herantritt) in einer anderen, geistigen Dimension, einer höheren Ordnung, die von einem befreienden „geistigen Eros" gespeist wird und die horizontalen, zweidimensionalen Reaktionsformen, auf denen wir uns gerade abkämpfen, ausweitet, „trianguliert" – also uns einen Blick von „höherer Warte" aus möglich macht – oder uns dazu nötigt, wie wir es gerade im Weltgeschehen erleben.

Eine vielleicht etwas banale kleine Imagination ohne „erleuchtenden" Anspruch dazu: Man phantasiert sich in einen Heißluftballon, der langsam in die Sommerluft aufsteigt. Dabei sieht man, wie das Verkehrschaos, in dem man sich zuvor vielleicht noch bewegt hat, nur noch wie ein absurdes Gewimmel erscheint. Oder man sieht seinen geschleckten Vorgarten in dem man gestern noch verbissen geschuftet hat, um dem perfektionistischen Nachbarn in nichts nachzustehen. Und daneben die Schönheit des Wildwuchses in einem nahegelegenen, von unten als „verlottert" empfunden Grundstück, das kindliche Sehnsüchte nach unbekümmerten Matscheleien, Versteckspielen und Baumhausbauen weckt und eigentlich das einzig belebende und belebte Element in der peinlich cleanen Siedlung ist ...
Und wenn man Glück hat, hält der therapeutische Effekt dieses „Blickes aus einer anderen Dimension" eine Weile vor, bewirkt vielleicht insgesamt sogar eine vorübergehende *Niveauerhöhung des Bewusstseins.* So, wie seinerzeit die ersten Astronauten im Anblick der Erde plötzlich anfingen, ihre Kostbarkeit, ja ihren

sakramentalen Charakter zu sehen und an eine höhere Ordnungsmacht zu glauben – und das, obwohl sie wussten, wie elend es unten in vielen Gebieten zuging, und dass sie damit nach ihrer Rückkehr wieder konfrontiert sein würden. Aber die Erfahrung, die sie gemacht hatten, ließ sie nicht mehr in ihre bis anhin wirksame Denkwelt zurückfallen, deren beschränkte Perspektive ihnen deutlich geworden war. Vielmehr waren sie nun auch in der Lage, in ihrer Alltagswelt Kostbarkeiten zu entdecken und in eine „sakramentale" Beziehung dazu zu treten – gespeist von dem „geistigen Eros", den sie auf ihrer außerplanetarischen Reise erfahren hatten.

Vielleicht ist es hier an der Zeit, zu gestehen, dass auch ich dieses Buch in der Hoffnung angefangen habe, mich über die pessimistische Sicht, die Hillman und Ventura in ihrem Gespräch erlegen sind, hinauszubewegen. Vielleicht auf eine „höhere Warte" zu gelangen, durch die ich die Umstände, in denen ich lebe in einer Großstadt mit ihrem ständig noch zunehmenden Betrieb und Lärm, besser aushalte. Denn einst (vor fast einem halben Jahrhundert ...) lag unser Häuschen an einem idyllisch ruhigen Ort, oben am Waldrand zwischen großen Gärten. Nun aber schallt tagtäglich, durch keine Bebauung talwärts abgedämpft, immer heftiger werdender Lärm herauf. Auch die ausgefeiltesten Lärmschutzstrategien haben sich gegen die dröhnenden Frequenzen der Motoren und des Freizeitbetriebs mit seinen höllischen Bässen als nutzlos erwiesen: Nur eine Burg mit meterdicken Mauern könnte sie abhalten, nicht ein Holzhaus, in dem man dem allem oft nächtelang ausgeliefert ist. Das weite Tal, das jeden Besucher mit seiner Aussicht begeistert, füllt sich zunehmend mit riesigen Industriebetrieben und vom Virus immer größeren Profitstrebens infizierten Sport- und „Event"-Stätten, wo sich gewinnerpichte Betriebe auf Dauerbespielung einrichten.
Noch immer ist es ein außergewöhnlicher Ort, einst zum Kloster St. Gallen gehörig und durch unsere langjährige liebevolle Zuwendung und Gestaltung zu einer „Persönlichkeit" geworden.

Innenstadtnah und doch wie „mitten in der Natur" mit seinen altehrwürdigen Bäumen und weitläufigen Wiesenstücken haben wir das verwahrloste Grundstück zunächst mühevoll „entwildert" (*colere* ...) und zu unserer Heimat gemacht. Unsere Kinder sind hier großgeworden, zum Hund kamen zugelaufene Katzen dazu, und inzwischen sind wir wider Willen zur Versorgungsstation solcher armer, oft ausgesetzter Wildlinge geworden: Kann man da einfach gehen, alles verlassen, das hier „Wohnung gefunden" hat?

In gewisser Weise sitze ich also fest mit meinem Leiden an der „Welt", weil ich noch keinen Modus gefunden habe, mit ihrer uns plagenden Gewalttätigkeit umzugehen: Oft hilft nur zeitweise Flucht – in Klöster, denn auch Dörfer sind längst keine stillen Oasen mehr.
Wie also weiter?
„Kult der Materie, Kult des Lebens und Kult der Energie" üben wir im „Ursinn" schon seit wir hier leben, ob in naturgärtnerischer Pflege von Pflanzen, ob in der Sorge für Tiere, und – auch das muss gesagt sein – diese Stadt ist ja nicht nur lästig, sondern bietet auch reiches Kulturleben, das auch wir so nennen mögen. Die große Schwierigkeit liegt in dem, was andere, Reizhungrigere, vielleicht auch Abgestumpftere darunter verstehen, im rücksichtslosen „Energie"-Kult im Freien, die sich in Dezibelstärken äußert. Nicht nur wir erleben das als gewalttätige Übergriffe, als Angriff auf alles, was Leben *wirklich* lebendiger, das heißt sensibler, nuancierter erleben lässt. Wir sind nicht die einzigen, wie wir wohl wissen – aber die Masse ist mächtiger.

Da wir aber nun eben nicht „einfach so" gehen können (und wollen), würde nur helfen, eine neue Einstellung zu gewinnen, einen neuen Sinnrahmen, in dem wir das Unentrinnbare anders sehen könnten, die Abwehr durch eine weiträumigere Sicht, höhere Warte überschreiten!

Ich schaue auf das Figürchen meiner kleinen, liebevoll und geschickt aus „Abfall" gezauberte Weisheit am oberen Rand meines Schreibtischs. Das Kleid ist golden und ein silberner Umhang gemahnt gar an sanft gesenkte Flügel ... oder an Tanz?
Was für eine Verwandlung vom profansten Bierflaschenstanniol zur neu belebten „Weisheitsschöpfung" hat hier stattgefunden!

Freude an die Erinnerung dieser Begegnung, aus der das Figürchen hervorgegangen ist, steigt in mir auf: Fast glaube ich, eine leise innere Stimme zu hören, die mir zuflüstert, dass tatsächlich andere, integrative Formen der Reaktion auf meinen Konflikt möglich wären.
Und lässt mir eine fast vergessene Erinnerung zukommen ...

Sie gehört zu einem Ferienerlebnis in Frankreich vor vielen, vielen Jahren: Neben dem Campingplatz war eine kleiner Jahrmarkt aufgebaut, mit nur wenigen Ständen und einfachen Fahrwerken, Karusells, Autoscooter – aber die Lautsprecheranlagen hochgefahren bis zur Schmerzgrenze. An Schlafen war nicht zu denken, also mischten wir uns selbst unter die nicht sehr zahlreichen Besucher. Einzig gut frequentiert war eine Schießbude, die mich jedoch noch aus anderen Gründen als den Zielkünsten der deutlich geübten Dorfbewohner faszinierte.
Seitlich auf dem Tresen, der durch Aufstützen und Anlehnen immer wieder ins Vibrieren kam, lag in all dem ohrenbetäubenden Dauergetöse und unvorsehbarem Geknalle der Hund der Standbesitzer und schlief. Durch nichts war er zu stören. Er schlief, unberührt von allem, was (nach meiner eigenen Erfahrung) Hunden sonst ein Graus ist, mittendrin, seinen vertrauensvoll entspannten Hundeschlaf ...
Dass er nicht taub war, sahen wir am Morgen, als abgebaut wurde und er ohne weiteres dem Zuruf seines Frauchens folgte. Das protestlose Einfügen in ein Geschehen, das eben gewisse Eigenarten hatte, war für ihn kein Problem, weil er wie Herrchen und

Frauchen selbstverständlich mit eingebunden war in ein komplexes Ganzes, ohne nach Sinn oder Unsinn zu fragen.
Leider ist es mir bisher nicht gelungen, mir die Mentalität dieses Hundes zu eigen zu machen...

Das Angreifende als Energie: Störung oder Einigungskraft?

Vielleicht ist es auch nicht unbedingt meine Aufgabe als *Mensch*, ein friedlich schlafender Hund zu werden, auch wenn das zweifellos verführerisch bequem wäre. Aber da ich nun mal hier Mensch und weder Hund noch Katze bin, ist es vielleicht tatsächlich meiner andersartigen Inkarnation angemessener, wenn ich darüber nachsinne, was es mit meinem merkwürdigen Eingespanntsein in einem extremen Kontrastfeld zwischen geradezu „paradiesischer" Naturidylle (mit all ihren schönen Möglichkeiten zu alternativer und kontemplativer Lebensweise) und dem Leben „am Puls der Zeit" mit seinem Überlärmtwerden durch Verkehr, Industrie, Dauerbaustellen und Volks-Frohsinn, auf sich hat.

Vielleicht hat es *auch* damit zu tun, dass mir letzterer von Kindheit an als „primitiv" dargestellt wurde. So habe ich internalisiert, dass solcher „Lärm" böse und „Stille" gut sei und nun begegnet mir hier gewiss auch ein nur selten mitgelebter „Schatten", als ein Fremdgewordenes. In meiner Herkunftssippe galt Stille geradezu als heiliges, ja „sakramentales" Gut, das keinesfalls gestört werden durfte.

Ein problematisches Erbe also.

Doch heute ist Pfingstsonntag. Heiliger Geist, *ruach Adonai*, Weisheitshauch – kannst Du mir weiterhelfen? Denn ich glaube schon lange nicht mehr, dass unser kleines Ich in der Lage ist, einen solchen Schatten so einfach durch Bewusstmachen „zu integrieren", wie es psychologische Ratgeber gern suggerieren. Wirkliche *Integration* bräuchte eine Energie aus einer das Ich übersteigenden Ordnung! Und die müsste doch aus einer Erfahrung von *geist- und herzweiter Freude* erwachsen, der tiefinnerlichen Einsicht, dass, wenn *alles Geist- und Gottesereignis* ist, auch das Laute zu seinen „Sakramenten" gehört! „Störung" als die „andere Seite Gottes" – die vielleicht sogar zwingend zur Neu-Schöpfung der

Welt gebraucht wird, unentbehrlich für einen Bewusstseinswandel mit der Vorliebe für einen nur lieben Gott?

Das würde mir einleuchten.

Und haben uns Freunde nicht immer wieder gesagt, dass dieses Fleckchen Erde, das wir der Verwahrlosung abgerungen und kultiviert haben, ein „guter Ort" sei, ja, ein heilsamer, harmonisierender, energetisierender „Kraft-Ort"? Und wenn ich mich zu ruhigen Zeiten (die es hier ja durchaus auch gibt) bewege, im stillen „Gespräch" sozusagen mit allem, was hier sein darf, dann fühle ich mich wirklich von etwas Unaussprechlichem eingehüllt und befriedet, und jeder alte Baum flüstert mir zu: „Schau mich an, ich, der ich seit einem über halben Jahrhundert oder mehr hier alle Arten von Stürmen ausgehalten habe, beschütze diesen Ort." Dann bin auch ich wieder bereit, mich an diesen Ort zu binden, diese großartigen Baumwesen als Vorbild, die hier durch ihre Wurzeln gebunden sind und nicht davonlaufen können, wenn ihnen das Wetter oder der Lärm nicht gefällt. Die aushalten, was eben ausgehalten werden muss – und sicher auch genießen, was es hier zu genießen gibt, jeder auf seine Art, nach seiner „Personalisation", zu der ihm hier Raum gegeben ist.

Dann bin ich auch bereit für einen solchen Gedanken:

Dass dieses bizarre Ausgespanntsein zwischen meinem „alternativen" (und einigermaßen elitärem) Rückzugs- und Kontemplationsraum und extremer Konfrontation mit dem jeweils Neuesten (und Lautesten ...) des Neuen der Massenvergnügungstrends – auch eine *Aufforderung* beinhaltet, einen Anruf, ja ein Herausrufen in ein Umdenken (christlich: *„Metanoia"*), in diese unserer Zeit unbedingt nötige, entwicklungsbedürftige Bewusstseinsstufe, in der die Gegensätze der Welt auf neue Art miteinander ins Gespräch und zur Koexistenz gebracht werden müssten. Eine Bewusstseinsstufe, die sich nicht mehr in Einseitigkeiten und Ausschlüssen bewegt, sondern wirklich *„die unvorstellbare Realität der kollektiven Bindungen"*[27] auf allen Ebenen als energe-

---

27   Zit n. Haas, Teilhard de Chardin-Lexikon Bd 1, S. 258

tische Bindungskraft im Prozess der Bewusstseinsevolution anstrebt. Ein Bestreben, eine solche Einstellung aufrechtzuerhalten, zu pflegen, zu kultivieren, die das wäre, was Teilhard „Kult der Energie" nennt. Eine positive Beziehung zur Welt, die sich nicht auf der Ebene des Affekts fesseln lässt, indem sie auf das, was sie als abzulehnendes primitives Affektausleben empfindet, auf gleicher Ebene reagiert.

„Ringe nicht mit der Außenwelt. Sie besteht aus vielen zehntausend Faktoren, die kannst du nicht kontrollieren. Aber wie du darauf reagierst, liegt in deiner Hand", sagt ein östlicher Weisheitslehrer, dessen Namen ich vergessen habe, seinen Spruch aber behalten. Leider habe ich nicht immer das Gefühl, dass meine Reaktion *„in meiner Hand"* lägen, weil reaktiv alte konditionierte Muster unmittelbar „affiziert" werden, von denen es schwierig ist, mich davon zu distanzieren. Aber „zu-fällig" bin ich gestern Abend in einem alten Tagebuch einer Notiz vom 10. 12. 2005 begegnet, die mir enormen Auftrieb gibt:

Ein Freund, der sein Atelier direkt am Ausgang eines Tunnels hat, durch den eine stark befahrene Hauptschlagader der Stadt von täglich mindestens dreißigtausend Autos führt, hatte zur Präsentation einer neuen Arbeit eingeladen. Er artikulierte sein schöpferisches Tun als ein Bewegen zwischen Gegensätzen: zwischen Innenwendung, meditativem Aufladen und Sich-Erproben in dem, was sich im Spannungsfeld zum Außeneinfluss ergibt. Wechselspiel zwischen Innen/Außen, ständiges Beziehungschaffen, Rahmen-Geben, Erfinden, Mythenschaffen. Er stellt also seine Arbeit voll in Bezug zur Ateliterssituation: Introvertiertes Erforschen, während draußen zigtausend Autos in und aus dem Tunnel fahren ... Er arbeitet viel mit fotografischem Material, Negativ-Positiv- und Hell-Dunkel Kontrasten, quasi archetypischen Gegensätzen. Anstatt sich ein „stilles" Atelier zu suchen, setzt er seine Auseinandersetzung an diesem Ort kreativ um – bis heute.

Natürlich kann er am Abend in die geschützte Atmosphäre einer innerstädtischen Altbauwohnung zurückkehren, während wir hier viel existenzieller zwischen zivilisatorischen Auswüchsen und bewusster Pflege einer „Absage an das Geläufige" (Heidegger) ausgespannt sind.

Und doch wird mir wieder einmal klar: Es ist der *kreative Bezugsrahmen,* in den ich meine Leben und Arbeiten stelle, der die Blickrichtung und seelische Ausrichtung verändert! Und ich kann die geistige Freiheit dazu fördern statt einer beleidigten Opferhaltung!

Ist das meine Pfingst-Inspiration?

„Wo der Geist des Herrn (ruach Adonai!) *ist, da ist Freiheit ..."* schreibt Paulus den Korinthern, um ihnen Hoffnung zu geben (2. Kor 3,17)!

Darum geht es. Ich schicke meiner kleinen Weisheitsfigur vor mir auf dem Schreibtisch einen Dankesblick für diese Inspiration zu, denn sie muss es wissen: Schließlich wurde sie erst durch einen kreativen Salto mortale meiner Beuroner Gesprächspartnerin vom Wegwerfmaterial zu einer „göttlichen Repräsentanz" umgewertet. Aus einem Gegensatz ist sie entstanden! Zwar war die Möglichkeit unerkannt auch schon im profanen Bierflaschenstanniol vorhanden – wie in allem Geschaffenen. Aber erst durch die Intuition dieser Frau, welche spielerisch das darin schlummernde *Gottesereignis* erahnte, wurde der Flaschenkragen gewissermaßen zur „Nahrung" für eine Transformation in eine „höhere Geist-Dimension" ...

Und diesen Faden weiterspinnend denkt „es" (wer?) in mir: Könnte nicht prinzipiell alles, was wir zunächst für banal, ja störend empfinden, zur *Nahrung* werden für etwas Neues? Wenn ich etwa das, was ich als „Störung" erlebe, wirklich in mich aufnehme, zerkaue und verdaue – kann es nicht, wie alle Nahrung, *wachstumsfördernd* umgewandelt werden? In ein geistiges Wachstum, in dem es zur *Nahrung zur Versöhnung der Gegensätze* und zur Kreativität wird?

Die Praxis wird es zeigen.

Aber es wäre ein Ansatz: Schon wenn es gelänge, die mir unangenehmen Störungen *durchzustehen,* auszuhalten, so, dass das Gefühl des Gehetzt- und Getriebenwerdens durch die Außenwelt im eigenen Inneren nicht überhand nimmt und Abwehr produziert, wäre ein wichtiger Schritt getan. Denn, wie Neumann in seinem Eranos-Vortrag sagt, geht es genau darum: Um das *„Erleiden und Annehmen des Dunkels, des Schattens ... der affektiven und triebhaften Seite der menschlichen Natur", „das sind, wie Sie wissen, einige der großen Überschriften, welchen den entscheidenden Beginn der psychischen Entwicklung des modernen Menschen charakterisieren." [28]*

Wie wenig jedoch die meisten Einzelnen bereit sind, „das Dunkle", das auch immer das Fremde ist, als „Gottesereignis" anzunehmen, erlebe ich nicht nur an mir selbst. Es zeigt in den alltäglichen Nachrichten und in den Reaktionen auf politischer Ebene selbst dort, wo Unmenschlichkeiten zum Himmel schreien. Von der „Kultur des Lebens und der Energie" im Teilhard'schen Sinn, der damit kollektive Einigungsfähigkeit, gar „Liebe" im Blick hat für eine Weiterentwicklung des menschlichen Potentials, scheinen wir demnach im Moment – verglichen mit den Visionen der New-Age-Bewegung in den 60er und 70er Jahren – heillos weit entfernt.

Oder doch nicht?

Zum einen ist da Teilhards Bemerkung, dass es angesichts der langen Entwicklungszeit des menschlichen Bewusstseins *„ein Irrtum wäre, schon jetzt zu verzweifeln"* (s. o.). Zum zweiten dürfen wir bei aller Skepsis nie aus dem Blick verlieren, dass jede größere Weiterentwicklung immer auch Gegenkräfte auf den Plan ruft, und dass es durchaus positive Zeichen auf vielen Ebenen gibt, selbst in der katholischen Kirche, die derzeit schwer am Rudern ist, wo aber vor fünf Jahren schon ein Bischof namens

---

28   Neumann, „Die Bedeutung des Erdarchetyps für die Neuzeit" (1953) in
     „Die Psyche als Ort der Gestaltung", S. 36/37

Franziskus in seiner Enzyklika „*Laudato si*" vieles von dem, was Teilhard wichtig war, in klaren Worten zur Sprache gebracht hat. Und eines darf nicht vergessen werden in einer Zeit, in der scheinbar gewalttätige Aggressionen sich in vielerlei Variationen Gehör verschaffen: Lat. *aggredi,* von dem unsere Worte „Aggression" und „aggressiv" kommen, bedeutet zwar einerseits „angreifen", aber auch einfach, „nahe an etwas herangehen". Und das weist uns in eine Richtung, dass wir auch in der Aggressivität nicht nur eine destruktive Energie sehen sollten. Sondern auch das Bedürfnis, etwas näher zu kommen, Nähe, Verbindung zu suchen. Ein Bedürfnis, das unglückseligerweise bei vielen an irgend einem Punkt der Entwicklung zu kurz gekommen ist, so dass sich Gefühle menschlicher Entfremdung eingestellt haben. Jeder Erzieher, jeder Lehrer, jeder Psychologe erlebt und weiß das, dass „aggressive" Kinder in Wahrheit bedürftig sind nach einer liebevollen Energie, die ihnen hilft, sich mit ihrem eigenen innersten Selbst zu verbinden, zu dem sie den Kontakt verloren haben. Wenn das gelingt, können sie auch ihre Abwehr gegen alles äußere „Fremde" aufgeben, und es vielleicht sogar in Interesse und Zuwendung verwandeln. Und was für Kinder gilt, gilt genauso für Erwachsene, sodass der Ruf nach einem „*Kult Beziehung schaffender Energie*" so aktuell ist, wie nie und zu den wichtigsten Notwendigkeiten einer neuen Bewusstseinsstufe gehören dürfte.

Und so komme ich auch für mich selbst zu dem Schluss, dass das, was ich als An- und Übergriff erlebe, durchaus auch einen konstruktiven *Ruf* bedeuten könnte. Zunächst einmal einen Ruf, der mich nach *innen* ruft, mich zurückholen will aus meinem Lauern auf mögliche Störung von außen. Das Geschehende „sein zu lassen", als etwas, was *mitleben* will, Nahrung werden lassen für Neues. Das mich aus einer rigiden Vereinseitigung meiner Urteile herausholen will und signalisieren, dass es auf seine Art ebenfalls eine Seinsberechtigung hat, so wie alles, was in der Welt ist, geschaffen wurde zu eben dieser Eigenart, auch wenn sie mir lästig und fremd erscheint.

Denn im Grunde, das ist das Wiederzulernende, Wiederverbindende (*religio!*) kann es nichts geben, was *außerhalb* der göttlich-weisheitlichen Urordnung, des göttlichen „Namens" und seines Geheimnisses sein kann, weil er alles einschließt, was ist (nicht einmal ein als „feindlich" erlebtes Virus...).

Es ist noch nicht lange her, dass ich angefangen habe, die *„Erzählungen der Chassidim"* von Martin Buber zu lesen[29]. Der Chassidismus ist eine mystische Glaubensrichtung innerhalb des Judentums, die etwa seit dem 18. Jahrhundert besteht und viele Elemente enthält, die durch die Kabbala, eine etwas komplizierte jüdische „Geheimlehre" mitgeprägt ist. Deren Wurzeln lassen sich wiederum bis ungefähr ins 13. Jahrhundert zurückverfolgen, einer Zeit, in welcher auch in anderen Religionen, etwa im Christentum, die Mystik aufblühte. Gershom Scholem hat sich in mehreren Werken, darunter in *„Zur Kabbala und ihrer Symbolik"* ausführlich damit befasst.[30]

Als Stifter des Chassidismus gilt Israel ben Elieser von Mezbiz, genannt der „Baal-schem-tow" oder kurz „Baalschem" (1700-1760). Er ist nicht nur ein großer Lehrer, sondern auch ein weiser Helfer und Heiler, ein „Zaddik", der eine Schar von Schülern um sich versammelt und auch anderen mit Rat zur Seite steht.

Von diesem Baalschem erzählt Buber folgende Geschichte, die für mich einen Schlüssel darstellt für den Umgang mit allem, was einem in der Welt das „wahre" Leben zu schädigen scheint.

„Die Schüler des Baalschem hörten von einem Mann als von einem Weisen reden. Einige unter ihnen verlangte es, ihn aufzusuchen und seine Lehre zu erfahren. Der Meister gab ihnen die Erlaubnis; sie aber fragten weiter: ‚Und woran sollen wir erkennen, ob er ein wahrer Zaddik ist?' – ‚Erbittet von ihm', antwortete der Baalschem ‚einen Rat, wie

---

29   Martin Buber, Die Erzählungen der Chassidim, Zürich 1949/2014
30   Gershom Scholem, Zur Kabbala und ihrer Symbolik, Zürich 1960

ihr es anzufangen habt, damit die unheiligen Gedanken euch nicht mehr beim Beten und Lernen stören. Gibt er euch einen Rat, so wisst ihr, dass er der Nichtigen einer ist. ***Denn das ist der Dienst des Menschen in der Welt bis zur Todesstunde, Mal um Mal mit dem Fremden zu ringen und es Mal um Mal einzuheben in die Eigenheit des göttlichen Namens.'"*** *(S. 131)*

Mal um Mal mit dem „Fremden" zu ringen und es Mal um Mal „einzuheben" in *„die Eigenheit des göttlichen Namens"* – in das unaussprechliche Geheimnis der göttlichen Urordnung, also die anfängliche, höchste Weisheit, die alles umfasst, was in der Welt ist, denn ohne dass Gott es geschaffen hätte, wäre es da nicht. Und da es göttlichen Ursprungs ist, kann es nun auch nicht sein, dass es *nicht* die Signatur des Göttlichen trüge, mögen wir es auch als „unheilig" empfinden. Wo immer uns das aber so erscheint, müssen wir uns selbst prüfen, inwiefern wir selbst das Göttliche gespalten haben durch unser Urteil, was „heilig" und was „unheilig" genannt werden soll. Und da in der Regel keine fünf Minuten vergehen, in denen wir nicht etwas durch irgendeine Verurteilung heraustrennen aus dem großen, ursprünglich nahtlosen Gewand des Ganzen, müssen wir eben auch *„bis zur Todesstunde"* damit ringen, diese Trennung wieder aufzuheben, das Verurteilte – sei es was es wolle – wieder *„einzuheben"* in das in seiner durch nichts zu beschreibenden „Eigenheit" ruhende göttliche Geheimnis und seinen Frieden, der (jetzt in christlicher Sprache) *„höher ist als alle Vernunft"*.

Und so fasse ich diese Botschaft auch für mich und meinen Konflikt mit der „Außenwelt" auf:
Es gibt keine Patentlösung, nicht den „einen" erleuchtenden Rat oder Trick, diese Mühe „ein-für-allemal" zu umgehen. Wer uns etwas anderes erzählen will, zeigt dadurch nur seine „Nichtigkeit", der es an echter Einsicht mangelt. Letztendlich ist alles in der Welt göttliches *Sakrament,* auch das „unheilig" empfundene, und Teilhards Aufforderung zum „Kult der Energie" fordert uns

auf, überall und immer wieder unsere Verbindungs- und Liebeskräfte zu stärken, und „das Fremde" im Namen Gottes anzunehmen, sich damit vertraut zu machen, es sich anzuverwandeln, zur Nahrung werden lassen für ein Überwachsen der alten Denkstrukturen.

Noch einmal in den Worten des Franziskaners Richard Rohr:
„Gott besteht darauf, das scheinbar Negative einzubeziehen. Zweifelsohne lässt Gott Leid zu. Ja, Gott scheint uns nicht durch Eliminierung der Hindernisse auf den Pfad zu unserer Ganzwerdung zu senden, sondern indem er diese Hindernisse einbezieht. Die meisten Romane, Opern und Gedichte, die je geschrieben worden sind, transportieren ... genau diese Botschaft. Und doch schockiert und kränkt es uns, wenn wir das in unserem eigenen kleinen Leben erfahren."[31]

Das „scheinbar Negative" ist nicht „unheiliger" als das Heilige: In allem, was geschieht, trifft uns der *Ruf der Weisheit,* alles ist *Sakrament!*

Ist das angenehm? – Nein.

Trägt es zu unserem Wachstum in einen neuen Bewusstseinshorizont eine vollständigere Ganzheit „Individuation" (Jung/Hillman) oder „Personalisierung" (Teilhard) bei, ist also „Nahrung" dafür? – Ja!

Und beim Einzelnen, *bei uns selbst* muss das alles anfangen.

So wie der Freund in seinem Atelier die eben hier bestehende Herausforderung nutzt, um dem archetypischen Gegensatz zwischen Innen und Außen, Leise und Laut, Hell und Dunkel in einem jeweils neuen Bezugsrahmen schöpferische Gestalt und „Ganzheit" zu geben. Ihn umzuwandeln in künstlerische Form, in eine spezifische Besonderheit oder „Individuation", die auch andere inspirieren und erfreuen kann.

---

31   Richard Rohr, Alles trägt den einen Namen, Gütersloh 2019, S. 207/208

„Bitte ...zähme mich!“ sagte er

Was für ein merkwürdiger Impuls, der mich jetzt aus meinem Regalfach mit Kinderbüchern das einstige „Kult“-Buch *Der kleine Prinz* von Antoine de St Exupéry herausziehen ließ! Es ist das unansehnlichste der Bücher dort – ich nahm es einmal mit aus der Kiste der aussortierten Bücher, die in der Stadtbücherei vor der Glastür steht, nahm es mit trotz seines jammervollen Zustands, weil es die Originalausgabe mit den Bildern des Autors war. Das ist jetzt schon fast ein halbes Jahrhundert her, und ich hatte das Büchlein in seiner bildlosen Version zwar immer wieder geschenkt bekommen, aber meist bald wieder weitergeschenkt, weil mir der Kult (!), der darum gemacht wurde, auf die Nerven ging.

Das ausgemusterte, ramponierte, zerkritzelte Exemplar der Stadtbibliothek aber rührte mich irgendwie an – wieviele Eltern mochten es inzwischen ihren Kindern vorgelesen haben, wieviele Kinder selbst gelesen! Dass es auch Erwachsene, Psychologen, Pädagogen und wer weiß wer, studiert haben, zeigen Unterstreichungen, die kein Kind machen würde (und ich in einem geliehenen Buch aus einer öffentlichen Bibliothek ganz gewiss auch nicht).

Wie auch immer: Jetzt *„rief“* es mich wieder, rief mich wegen einer schwachen Erinnerung an eine Szene mit einem Fuchs, dem der kleine Prinz nach seiner Ankunft auf der Erde begegnet, der Erinnerung an den sonderbaren Wunsch des Fuchses „gezähmt“ zu werden.

Ich blätterte also das Buch auf bis zu der Seite, wo der Fuchs (mit den etwas zu langen Hasenohren) zu sehen ist und fing an zu lesen, vom einsamen kleinen Prinzen, der Freunde sucht. Aber wo solche finden, mitten in der Wüste? Und da taucht also wie aus dem Nichts der Fuchs auf, ein dem kleinen Prinzen ja eigentlich „fremdes“ Wildtier. Trotzdem will der kleine Prinz mit ihm spielen, aber der Fuchs sagt etwas etwas Sonderbares:
„Ich kann nicht mit dir spielen ... Ich bin noch nicht gezähmt.“

Und der kleine Prinz, der niemals eine Frage vergisst, versteht nicht, wovon er spricht und fragt: *„Was bedeutet ‚zähmen‘?"*
„Das ist eine in Vergessenheit geratene Sache", sagte der Fuchs. *„Es bedeutet: „sich ‚vertraut machen‘."*
„Vertraut machen?"
„Gewiss", sagte der Fuchs. *„Du bist für mich noch nichts als ein kleiner Knabe, der hunderttausend kleinen Knaben völlig gleicht. Ich brauche dich nicht, und du brauchst mich ebensowenig. Ich bin für dich nur ein Fuchs, der hunderttausend Füchsen gleicht. Aber wenn du mich zähmst, werden wir einander brauchen. Du wirst für mich einzig sein in der Welt. Ich werde für dich einzig sein in der Welt ..."*
„Ich beginne zu verstehen", sagte der kleine Prinz. *„Es gibt eine Blume ..., ich glaube sie hat mich gezähmt ..."*
(Auf dem Planeten des kleinen Prinzen war eines Tages eine fremdartige, außerordentlich schöne aber ziemlich kapriziöse Blume gewachsen, die ihn mit tausend Launen quälte, die er aber so gut er konnte erfüllte. Als er sich dann zur Erde verabschiedete, sagte sie ihm, dass sie ihn sehr liebte, nur hatte sie nicht vermocht es ihm zu zeigen. Aber sie waren trotzdem, gerade ihrer Launen wegen, die seine Zuwendung erzwangen, eben sehr vertraut miteinander geworden.)
Und nun bittet ihn dieser fremde Fuchs, ihn zu „zähmen", und lässt sich nicht beirren dadurch, dass der kleine Prinz meint, er habe dafür keine Zeit, weil er doch Freunde und viele Dinge kennenlernen möchte. Vielmehr erweist sich der Fuchs als einer, der „ins Innere der Dinge" und das Wesen aller Beziehung geschaut hat:
„Man kennt nur die Dinge, die man zähmt", sagt er.
Was man nicht „gezähmt" hat, bleibt fremd, man gewinnt keine Beziehung dazu.
Im Französischen heißt „zähmen" *apprivoisier*. Man muss dabei also sozusagen etwas zunächst Fremdes in seinen persönlichen, „privaten" Raum aufnehmen. Wer je ein „fremdes" Tier hat versucht zu „zähmen", an sich zu gewöhnen, weiß, dass man dabei seine ganze Person drangeben muss, damit es Vertrauen fasst,

vertraut werden kann: Dann aber ist es nie mehr gleich-gültig (mit tausend anderen ähnlichen Dingen), sondern einzigartig, ein echtes „Subjekt", wert, es zu schützen, Verantwortung dafür zu übernehmen, wie es der kleine Prinz mit seiner Blume getan hat, die von ihm zum Beispiel verlangte, ihn unbedingt vor Zugluft zu *bewahren.* Bewahren, kultivieren – das ist das lateinische *colere,* das auch das Fundament jedes Kults ist, auch im Sinne von verehren. Denn was man so „gezähmt hat, hat man nicht nur in den eigenen „privaten" Bezirk aufgenommen, sondern man hat es „mit dem Herzen gesehen", mit dem Blick für sein Wesenseigenes, Unsichtbares, „Eigentliches" – und ist in dieser Beziehung auch seinem eigenen Wesen näher gekommen, weil man sein Herz damit verbunden hat: Beim Abschied wird der Fuchs denn auch dem kleinen Prinzen noch ein Geheimnis anvertrauen, das im Kern fast biblisch klingt:
„Man sieht nur mit dem Herzen gut … Das Wesentliche ist für die Augen unsichtbar."

Wer spricht da durch den Fuchs hindurch? Wessen Stimme lässt sich da hören?
Könnte das womöglich die allesverbindende Weisheit selbst sein?

Sicher ist: Nur wer bereit ist, etwas zunächst Fremdes *„mit den Augen des Herzens"* in seinem Wesen zu erkennen und zu versuchen, es ins eigene Wesen aufzunehmen, kann etwas „zähmen", Vertrauen, Zutrauen gewinnen, sich zuwenden, anstatt die Berührung damit abzuwehren, es als Gegner zu sehen.
Man hat es dann in den innersten Raum seines Herzens aufgenommen: Ins Herz, das nicht nur der Wohnort unseres persönlichsten, innersten Wesens ist, sondern auch die Wohnung der unteilbaren göttlichen Weisheit, die im Menschen „einwohnen" will als Erkenntniskraft, die ihn befähigt, sich mit den Dingen des Himmels und der Erde vertraut zu machen, sie in sich zu versöhnen.

Was hier als modernes Märchen daherkommt, transportiert also für den, der „mit dem Herzen" nicht nur sieht sondern auch hört, zugleich den uralten An-Ruf der biblischen Weisheit, die aus der Gestalt eines Fuchses spricht: Sie fordert uns auf, mit den Gestalten und Dingen, denen wir in unserer Welt begegnen, in eine echte Beziehung zu treten, anstatt alles in „gleich-gültiger", unbezogener Entfremdung zu belassen, wo wir für nichts mehr Verantwortung und Nähe fühlen. *Mit den Augen des Herzens sehen* heißt, Wert, Wesen und Bedeutung und „Subjekthaftigkeit" des uns Umgebenden erfassen, uns nicht unverbindlich abzuschotten, sondern das Wesen der Welt in jedweder Erscheinungsform in unsere Seelen aufzunehmen.

Der Ruf der Weisheit in der Bitte des Fuchses reicht also weit über ein anekdotisches Märchenelement hinaus: „zähmen" heißt ist lateinisch *mansue-facio*, machen, das heißt: Ich mache, dass das Begegnende im eigenen, *persönlichen* Verantwortungsbezirk Raum findet. *Mansio* ist Wohnung, Aufenthaltsort, wo unser *Persönlichstes* wohnt, unser Herz, das in einer uranfänglichen Verbundenheit mit allem steht. Und in dieser zugleich persönlichen und doch auch allgemeinen Verbundenheit will das Fremde *gesehen* werden. Darin müssen wir es „*einheben*", wie es in Bubers Erzählung heißt.

Und dafür gilt es heute ein neues Bewusstsein zu gewinnen, das ist die Aufgabe jedes Einzelnen, denn nur beim Einzelnen, der um seine Ganzheit gerungen hat und um die Schwierigkeit dieser Herausforderung weiß, kann es anfangen.

Insofern sind wir wohl auf der richtigen Spur, wenn wir die tiefgründende innere Verwandtschaft zu dem sehen, was James Hillman als „*Individuation der Dinge*" einfordert, als auch Teilhard de Chardins große Gedanken um eine immer stärker notwendige „Personalisation", auch wenn Teilhards Vision noch viel weitreichendere qualitative Dimensionen umgreift.

Hillmans aus der Psychologie C. G. Jungs übernommene Begriff der „Individuation" gleicht also in etwa dem, was Teilhard „Personalisation" nennt. Denn auch Jungs „Individuation" darf nicht verwechselt werden mit dem, was wir heute als zunehmendes Streben nach „Individualität" als ein *Sich-von-anderen-Unterscheiden-um-jeden-Preis* erleben, wobei bereits das Zur-Schau-Stellen einiger Spleens dafür als Ausweis gelten soll. „Individuation" im echten Sinn impliziert dagegen einen Wachstums- und Reifeprozess, in dessen Verlauf es genau darum geht, wozu der Fuchs den kleinen Prinzen auffordert: Sich das Begegnende, zunächst Fremdartige so vertraut zu machen, dass es „mitwohnen" kann im eigenen, persönlichen Bezirk und diesen somit ergänzt und bereichert und selber ebenso zu eigener Personalisation oder Individuation kommt und als „Subjekt" gesehen wird. Das setzt allerdings voraus, dass man zuvor ganz „bei sich" ist. Dann aber kann das Annehmen des „Fremden" eine höhere Art des „Zu-sich-Kommens" bewirken im Dienste eines höheren und weiteren Bewusstseins. Erst das verdient den Namen „Individuation". Dieser Vorgang ist ein Prozess und nie abgeschlossen. Er dauert lebenslang: Immer wieder tritt ein „Ruf" – von innen oder von außen – als neue Herausforderung an einen heran. Immer wieder macht ein etwas bisher vielleicht erfolgreich kompensatorisch oder projektiv als „Schatten" Abgewehrtes seinen Anspruch auf Anerkennung und Integration geltend. Wir erleben dies heute auf vielen Ebenen, persönlich, ökologisch, politisch, spirituell: von überall bekommen wir in unserem Versagen oder Gelingen den An-Spruch gespiegelt, unsere Verbundenheit mit unserer Mitwelt in einem umfassenden Ganzen zu erkennen, uns „angesprochen" zu fühlen von ihren Besonderheiten und Antwort zu geben, dafür Verantwortung zu übernehmen.

Doch auch wenn wir dieser Verantwortung ausweichen wollen: der Anruf oder An-Spruch, der vom Ruf der Evolution des Bewusstseins ausgeht, ruht nicht. Wie vom Zentrum einer höheren, universalen Weisheitsordnung ausgehend, werden wir immer von neuem gerufen, nicht nur an unserer „persönlichen" Vervollständigung, der „Personalisation" unserer selbst mitzuarbeiten, sondern auch an der persönlichen Bewusstwerdung des Ganzen als einer gestalthaften, sozusagen „personhaften" Einheit, die mit uns in vielfacher Weise kommuniziert.

Wir alle sind vom selben Universum umgeben, und doch ist es nötig, dass jeder Einzelne seine persönliche Auffassung davon entwickelt und zur Reife bringt. Das wiederum ist nur möglich, weil wir dieses Universum zugleich als einen zentrieren Impuls in uns tragen. Die Herausforderung ist darum, zugleich unsere ureigenste persönliche Anlage und Aufgabe zu erkennen, sowie auch ihre „zentrale" Funktion für die Welt und unsere ganz persönliche Beziehung dazu. In Teilhards Worten:

„Obwohl alle Menschen vom gleichen Universum umhüllt sind, stellt doch jeder einzelne in den Erfahrungsbereichen der Welt für dieses Universum einen unmittelbaren Mittelpunkt der Weltbetrachtung und des Handelns dar."[32]

Keiner dieser „Mittelpunkte" ist für das Ganze „gleich-gültig" und unwichtig, sondern seine Entwicklung ist uns ans Herz gelegt, indem wir damit *persönlich* vertraut werden. Und damit wir nicht in Gefahr kommen, „individuell" und „persönlich" zu verwechseln, stellt Teilhard klar:

„Was ein ‚individuelles' Zentrum ausmacht, ist, dass es von den anderen es umgebenden Zentren unterschieden ist. Was das ‚personale' ausmacht, ist es, im Tiefsten es selbst zu sein ..."[33]

Das „Individuelle" also unterscheidet und trennt, das „Personale" fühlt seine innerste Verbundenheit. Es hat sich mit dem, was vorher von ihm getrennt erschien, „vertraut gemacht" – der Fuchs aus dem kleinen Prinzen würde sagen: Er hat es „gezähmt", indem er sein innerstes Wesen und seine Eigentümlichkeit mit den Augen seines Herzens erkannt hat. Und das gilt nicht nur für unsere Mitwelt, die wir als „lebendig" einstufen, sondern genauso für die „tote" Materie und alle Dinge. Denn auch die scheinbar „toten" Dinge, ob natürliche, ob Artefakte, ob „Müll" sind nicht

---

32 Zit. n. Adolf Haas, Teilhard den Chardin-Lexikon. S. 249
33 ebda

„tot": Würden wir sie durch ein starkes Vergrößerungsglas betrachten können, so würden wir sehen, dass sie nicht etwa völlig erstarrt irgendwo herumliegen. Wir würden stattdessen einen ungemein lebendigen Fluss von Teilchen wahrnehmen, die sich unentwegt und mit unglaublicher Geschwindigkeit bewegen! Nichts in diesem wunderbaren Universum ist „tot" – alles steht mit allem in lebendiger Beziehung!

Und dieses neue Bewusstsein gilt es zu gewinnen und zu festigen, denn es würde uns ganz klar sagen, dass *„Kult der Materie, Kult des Lebens, Kult der Energie"* uns dazu führen müsste, alles in der Welt mit Sorgfalt und Achtung zu behandeln und alles ehren, ja verehren, wie es uns das Bedeutungsspektrum von *colere,* des lat. Ursprungswortes des Kultus nahelegt. Auch das, was uns erschreckt, stört, gefühlsmäßig zuwider ist. Statt ihm zu entkommen, müssten wir es „studieren", es in seiner Eigenart, seiner Berechtigung zu verstehen. Nie aufhören zu fragen: Was ist das Besondere, das Wunder daran? Was will es mir sagen? Was ist seine Botschaft, was gilt es zu lernen?
Nur so können wir das Leben würdigen und feiern, dadurch, dass wir zu erkennen versuchen, dass es in all seinen Erscheinungsformen Ausdrucksgestalt des Einen, religiös gesprochen: des Göttlichen ist. Mystiker aller Zeiten haben das erfahren.

Teil II

Sakramente, ein neues Verständnis

Alles ist Sakrament

Und noch einen Schatz habe ich kürzlich „zu-fällig" entdeckt: Ein schmales Büchlein des Franziskaners Leonardo Boff, dem unkonventionellen südbrasilianischen Befreiungstheologen: Es heißt *„Kleine Sakramentenlehre"* und umfasst nur etwas über hundert Seiten. Es ist schon 1975 erschienen, 1976 in deutscher Fassung, im selben Verlag, in dem auch einige meiner Bücher gedruckt wurden. Mein Lektor sagte, es sei eines seiner Lieblingsbücher und er habe es immer wieder neu aufgelegt.

Was ist es nun, was dieses Büchlein so besonders macht? Was ist ein „Sakrament"? Was versteht Leonardo Boff darunter, was will er uns nahe bringen?

Die katholische Kirche kennt sieben Sakramente, eine heilige Zahl. Die evangelische, aus der ich stamme, hat sie auf kümmerliche zwei reduziert: Nur Taufe und „Abendmahl" (Eucharistie) sind ihr noch „heilig" (lat. *sacer* = heilig).

Doch Leonardo Boffs Blick geht ohnedies – echt franziskanisch – weit über die Sakramente seiner Amtskirche hinaus. Seine Sichtweise: Wenn Gott sich durch sein in allem und jedem konzentrierten Werden, seinem *logos*, seinem *„Wort"* in allen Dingen inkarniert hat (Joh. 1,3)[34], dann muss einer jeden irdischen Erscheinung bis hin zum niedrigsten Ding doch auch sein *Wesensgeheimnis*, sein *Sakrament* innewohnen und über seine scheinbar „profane" Existenz hinaus in die heilige Dimension des göttlichen Urgrundes weisen! Also ist *alles* Gotteserscheinung, alles Zeichen, Symbol einer höheren Wirklichkeit! Nicht nur das, was im kirchlichen Rahmen vollzogen wird!

---

34   *„Alle Dinge sind durch dasselbe gemacht und ohne dasselbe ist nichts gemacht, was gemacht ist"*, Joh 1,3

Und so widmet Boff in der Vorrede zu unserer Überraschung sein Büchlein nicht einem Erlebnis oder Geschehen, das für uns auf den ersten Blick als von besonderer Weihe umgeben gelten könnte, sondern widmet es *„dem Gebirgszug, der immer wieder mein Fenster besucht"*. Dem Gebirgszug, den eigentlich *jedermann* von seinem Fenster aus sehen kann, von dessen Schönheit er sich aber *persönlich* „beschenkt" fühlt, von seiner Schönheit und gleichbleibenden Majestät, die im Wechsel von Jahreszeiten und Witterung alles nimmt wie es kommt und widerspiegelt, und in allem unablässigen Wandel einfach der Gebirgszug als er selbst bleibt: *„Er trägt alles, erleidet alles; alles nimmt er an ... Deshalb ist der Gebirgszug ein Sakrament Gottes: offenbart, bringt in Erinnerung, liefert Hinweise und verweist auf andere Horizonte."*[35]

In Leonardo Boff hat sich zu diesem Gebirgszug im Lauf der Zeit eine personale „sakramentale" Beziehung" eingestellt, die aber nicht ohne weiteres *da* zu sein scheint, sondern nur, wenn er aufmerksam und offen dafür ist. Dann erst *„besucht"* der Gebirgszug (der ja eigentlich unverrückbar immer da ist) „sein Fenster", dann fühlt er sich von ihm „beehrt", im Innersten verbunden und vertraut, dann erst empfindet er seine Bedeutung, sein Geheimnis: das Sakrament einer Gotteserscheinung – in etwas ganz und gar Irdischem, Erdhaften.

Entscheidend scheint also zu sein, dass man innerlich „ein Fenster öffnet", in einem Moment des gleichzeitig ganz Bei-sich-Seins und des unmittelbaren „Mitseins". Ein Moment, in dem man den Blick auch weg von sich selbst wenden kann, und doch bei sich bleiben, ganz präsent in einem unmittelbaren Spürbewusstsein, dass es da ein sakramentales „Zwischen", eine elementare, urvertraute Beziehung und Bedeutung gibt, ein Zusammenspiel von Himmel und Erde ohne Subjekt-Objekt-Trennung.

Vertrautheit, Beziehung, Liebe, Bedeutung, irdisch und doch „darüberhinaus"?

---

35 Leonardo Boff, Kleine Sakramentenlehre, 8. Aufl. Düsseldorf 1985, Widmung, S. ohne Ziffer

Wenn wir den kleinen Prinzen fragen könnten, würde er dann vielleicht seine Rose nennen? Oder den Fuchs?

Oder James Hillman – würde er eine Bierdose oder eine Türklinke vor Augen haben?

Bei Teilhard de Chardin könnte ich mir denken, dass ihm als erstes die Eisenstücke, Steine und Kristalle einfallen würden, die ihn in seiner Kindheit faszinierten, weil sie in ihm eine bedeutungsvolle Ahnung weckten von der energetischen *„Konsistenz"* (Teilhard), einer beziehungsträchtigen „Energie", die er allem Seienden und Überseienden innewohnen spürt. Lat. *con-sistere* heißt eigentlich „miteinander zusammenstehen" und ist für ihn Symbol für die untrennbare Einheit und Komplexität aller Dinge durch eine innewohnende „sakramentale" Kraft, die nicht zerstört werden kann. Und die sowohl ein absolut präsentes, als auch potentiell evolutives, ja transzendentes[36] Element in sich trägt. Eine Energie, die gleichermaßen ein Höheres enthält und Höherentwicklung ermöglicht.

Gebirge, Steine, Teilhard ist nicht der einzige, der eine unerklärliche Faszination davon ausgehen spürt. Auch C. G. Jungs Erinnerungen und Träume sind voll davon und viele andere wären zu nennen. Auch ich habe mir einst eine kleine Sammlung angelegt und zu Anfang von zwei besonderen Steinen gesprochen, die vor mir auf dem Schreibtisch liegen und von denen ein bedeutungsvoller „Wink", eine unbestimmte Anmutung (oder Zumutung? Aufforderung?) auszugehen scheint: Ein Dendrit mit seinen geheimnisvollen, bäumchen- oder pflanzenartigen Manganausblühungen, und ein Glimmerschiefer aus den Ötztaler Alpen, in und auf dem sich große Granatkristalle gebildet haben: ein mir unfassbares Wunder, welches diese „Gegenstände" (lat. „Objekte") für mich zu seltsam „von innen" beseelten „Subjekten" werden lässt und bei denen ich mich nicht scheuen würde, sie zu „Sakramenten" zu erklären.

---

36   Lat. transcendere = überschreiten, darüberhinausgehen

Und damit ist schon an diesen Dingen (im wahrsten Wortsinn) evident, dass es letztlich *mein eigener* innerer Blick ist, der *„Sachen in Sakramente verwandelt. Der Umgang mit den Dingen erst schafft sie und schafft sie symbolisch neu. Wichtig ist die Zeit, die wir mit ihnen vertun, wie auch die Tatsache, dass wir sie uns aneignen* (der Fuchs würde sagen: sie uns vertraut machen) *und in unsere Erfahrungsgeschichte eingliedern ... Wie es ein wissenschaftliches Denken gibt, so gibt es nämlich auch ein wirklich sakramentales Denken,“* schreibt Leonardo Boff. Demjenigen, der sakramental denkt, offenbart sich also in jedem Ding oder Geschehen das Sein Gottes und das Sein des Menschen, ganz nach der *„Art und Weise, wie er den vielen Darstellungsformen der Welt begegnet.“* [37]

„Der Umgang mit den Dingen“, unsere *Beziehung dazu* und wie wir mit ihnen umgehen – darauf kommt es an, ob wir eine von Gottesgeist durchdrungene, „geheiligte“ Welt erfahren können oder in einer trivialisierten, entgötterten, zur Konsumware degradierten leben! Und die Folgen davon bekommen wir unmittelbar zu spüren: Begegnen wir den Dingen unserer unmittelbaren Erfahrungswelt überheblich und vernachlässigend und sprechen wir ihnen eigene Beseelung ab, anstatt sie mit Freude zu betrachten, ihnen Wertschätzung zukommen zu lassen und *„Zeit mit ihnen vertun“*, so dürfen wir uns nicht wundern, wenn es so geht, wie Michael Ventura in seinem Gespräch mit James Hillman uns vor Augen führt: Da wir zu den Dingen gesagt haben *„Ihr habt keine Seele“*, haben die Dinge sich schließlich bedrohlich umgedreht und sagen: *„Pass nur auf, was wir für eine Seele ich habe, ihr Idioten!“*[38]

Eine Probe davon bekommen wir jetzt gerade, wo sich nicht nur klimabedingte „Naturkatastrophen“, sondern ein scheinbar „Fremdes“, Unbeseeltes und doch zur irdisch-organischen Welt Gehöriges in Gestalt eines wandlungsfähiges Virus gegen uns zu wenden scheint – wobei wir nicht wissen, ob daraus auch heilsame Perspektivänderungen entstehen könnten: Es kommt jetzt

---

37   Leonardo Boff, Kleine Sakramentenlehre, Düsseldorf 1976, S. 30
38   Hillman/Ventura, „Hundert Jahre ...“ S. 14/15

alles darauf an, ob unser Bewusstsein schon weit genug ist, um den „Ruf der Weisheit" zu hören und in größeren Bezügen zu denken und zu handeln.

Denn grundsätzlich gilt: *Alles* in der Welt, auch wenn es uns im Moment gefährlich, mangelhaft oder „unheilig" dünkt, ist sakramental! In allem wirkt Gottesgeist! Diese Einsicht sollte unseren Umgang mit allem bestimmen, dem wir begegnen. Von Buddha wird erzählt, er habe gesagt: „Alles in der Welt ist euer Kind." Und so ist es mit Dingen und Geschehnissen ein bisschen wie mit Kindern: Wenn wir sie nicht mit Achtung und Freude betrachten und Ihnen respektvolle Zuwendung und Spiel-Raum widmen, verkümmern ihre Seelen und das „Eigene" „Eigentliche", das sie in sich tragen, wird uns nicht spürbar, kann sich gar zerstörerisch gegen uns wenden, wenn ihre „Individuation" verhindert wird – und das ist auch ein großer Schaden und Verlust für unsere eigene.

Andererseits wird unser Leben enorm bereichert, wenn wir in der Lage sind, den „sprechenden" Reichtum und die Besonderheiten in der Welt zu erkennen. Den Dingen, mit denen wir umgehen, eine Stimme zu geben und auf sie zu lauschen, mit ihnen *„Zeit vertun"*, sie als Symbole auf uns wirken zu lassen, in echte Beziehung mit ihnen zu treten. Dann erst werden wir erfahren, wieviel sie uns mitzuteilen haben.

Leonardo Boff hat das nicht nur in der Betrachtung des Gebirgszugs vor seinem Fenster erfahren, dem er sein Büchlein widmet, wie wir gleich sehen werden.

Es ist ja für (fast) jeden leicht nachvollziehbar, welch majestätische Größe und Lebendigkeit durch den Wandel der Jahreszeiten und wetterbedingten Wechsel von Licht, Schatten, Sonne und Wolken von Gebirgen ausgehen kann.

Doch Leonardo Boff zeigt uns seine grundsätzliche Sichtweise noch deutlicher an einem auf den ersten Blick überraschenden, scheinbar völlig wertlosen kleinen „Objekt", das für ihn zu einem bedeutungsvollen „Subjekt" geworden ist, dass tatsächlich alles in der Welt Sakrament ist – oder durch unsere Beziehung dazu werden kann. In seinen Worten:

„In der Schublade liegt ein kleiner Schatz verborgen: ein Glasschächtelchen mit einem kleinen Zigarettenstummel. Der Tabak ist gelblich und mit Stroh umwickelt, wie man Zigaretten in Südbrasilien zu rauchen pflegt. Bis hierher gibt es nichts Außergewöhnliches zu berichten. Dennoch: Dieser unscheinbare Zigarettenstummel hat eine einzigartige Geschichte. Er wendet sich ans Herz, übersteigt Grenzen und steckt voll von unbegrenzter Erinnerung."[39]

Und er erzählt uns dann die Geschichte dieser Kostbarkeit:

Der Stummel lag in einem Brief, in dem Leonardos Schwestern ihm den plötzlichen Tod des geliebten Vaters mitteilten – nicht als ein tragisches Ereignis, sondern als dessen Ankunft in der Gotteswelt, von wo aus er von jetzt an noch anwesender sein könne, als er je gewesen sei und die in alle Welt zerstreute Geschwisterschar durch seinen Tod vereinen. Denn die gläubigen Katholiken feiern den Tod als *vere dies natalis,* als den wahren Geburtstag eines Menschen.

Leonardo entdeckt den vergilbten Stummel der Strohzigarette erst am folgenden Tag in der Ecke des Briefumschlags:

„Es war dies die letzte Zigarette, die Vater nur wenige Augenblicke zuvor geraucht hatte, als ihn ein Herzinfarkt aus diesem ermüdenden Dasein befreite. Die zutiefst weibliche und sakramentale Intuition einer meiner Schwestern hatte sie veranlasst, den Zigarettenstummel in den Umschlag zu stecken.

Von diesem Augenblick an ist der Zigarettenstummel kein einfacher Zigarettenstummel mehr. Denn er wurde zu einem Sakrament, lebt, spricht von Leben und begleitet mein Leben."[40]

Er spricht vom Leben des Vaters, von seiner unermüdlichen Arbeit, seinem Leben und Arbeiten für andere. Er ruft dem Sohn sein Bild vor Augen, seine Stimme, seine Gesten, seine positive Grundhaltung zu allem. Er holt ihn zurück in die Gegenwart,

---

39   Leonardo Boff, Kleine Sakramentenlehre, S. 27
40   Ebda, S. 29

macht ihn präsent – und überschreitet doch die Grenzen zum Unwissbaren, seiner Zugehörigkeit zu einer anderen Wirklichkeit. Denn:

„Jedesmal, wenn eine weltliche Wirklichkeit – ohne aufzuhören, Welt zu sein – an eine andere, von ihr verschiedene Größe erinnert, übernimmt sie eine sakrale Funktion. Sie hört auf, Sache zu sein, und wird stattdessen zu einem Zeichen oder Symbol ... Als Sache kann sie absolut unbedeutend sei. Als Zeichen aber kann sie eine außerordentliche, ja unschätzbare Wertigkeit gewinnen."[41]

Es ist also das über sich Hinausweisende, was eine Sache, ein Ding, ein Geschehen zum Symbol, ja zum Sakrament macht.
Die Sache selbst bleibt dabei – vordergründig betrachtet – was sie ist. In den Augen dessen, der das darüber hinaus Weisende sieht und spürt, gewinnt sie aber eine Art magische Bedeutung: Sie ruft herbei, was nur dem „Herzen" erkennbar ist: *„Das Wesentliche ist unsichtbar"*, sagt der Fuchs dem kleinen Prinzen.
Darin liegt das Wunder, das Geheimnis, das Sakrament, das sich nur dem „Innenblick" oder dem „Herzen" erschließt. Und dieses Geheimnis wohnt allem inne, was in der Welt ist. Es kann gar nicht anders sein, wenn alles durch das göttliche „Wort" erschaffen ist. Im Innersten ist *alles* Sakrament – was sollte es denn sonst sein?
Und so werden wir wieder darauf gestoßen, dass es letztlich an der Art und Weise liegt, wie wir den Dingen begegnen. Ob wir sie zum *Objekt* unserer Urteile und Vorurteile machen und damit die Trennung davon verstärken, oder ob wir sie zu uns sprechen lassen, sie als Mitgeschöpfe, *Subjekte* gelten lassen und dem *Ruf* lauschen, der von ihnen an uns ergeht. Dem Ruf, der letztlich ein Anruf aus der von der anfänglichen Weisheit mitgeschaffenen Welt ist, aus der Urordnung, in der Mensch und Dinge untrennbar verbunden sind, wie man im alten Israel noch wusste.

---

41 Boff, S, 30

Die letzten 2000 Jahre haben die Kluft zwischen Gott und Welt tief aufgerissen, und die Wissenschaft seit der Renaissance und Aufklärung immer noch tiefer verschärft, sodass dem Menschen die Sensibilität für das symbolische Leben und die Sakramentalität der Welt immer mehr abhanden gekommen ist und er die Dinge, die Materie, die Natur nur noch als Verfügungsmasse, Objekt ohne Heiligkeit betrachten konnte, mit der man anstellen kann, was man will.

Doch die Entwicklungen der letzten 300 Jahre zeigen, nicht nur dem Dichter Michael Ventura, dass sich nun die Verhältnisse umkehren: Die misshandelte Welt beginnt, dem Menschen gefährlich zu werden, so wie alles, dessen sakramentales Wesen man missachtet, zum unbeherrschbaren Dämon wird. Die Tiefenpsychologen können ein Lied davon singen, desgleichen die Soziologen und Ökologen, und mehr und mehr beginnt auch manchen Wirtschaftsbossen und Politikern etwas zu dämmern: Je mehr der Mensch alle Lebensbereiche entheiligt, mechanisiert, funktionalisiert, entpersönlicht und Vereinheitlichungsstrategien unterwirft, sich entfremdet und alles gleich-gültig behandelt, desto mehr entmenschlicht er sich selber. *„Alles offenbart das Sein des Menschen: seine geglückten oder missglückten Experimente, kurz; die Art und Weise, wie er den vielen Darstellungsformen der Welt begegnet"*, schreibt Leonardo Boff.[42] Und umgekehrt gilt:

„Je tiefer der Mensch sich auf die Welt und besonders die Dinge seiner Welt einlässt, desto deutlicher erfährt er ihre Sakramentalität ... Sakramentales Denken bewirkt, dass die Wege, die wir gehen, die Berge, die wir sehen, die Häuser, in denen unsere Nachbarn wohnen und die Personen, mit denen wir zusammenleben, nicht mehr einfach Personen, Häuser, Flüsse, Berge und Wege sind, wie es sie sonst auf der Welt auch noch gibt. Vielmehr sind sie einzigartig und unverwechselbar und machen ein Stück unserer selbst aus."[43]

---

42   Boff, S. 30
43   Ebda, S. 31

Genau das aber ist, wie wir bei Hillman, Teilhard de Chardin, St. Exupéry schon gehört haben, nicht nur der Weg der Individuation oder Personalisation aller Dinge und Mitwesen, sondern eben auch ihre Sakramentalisierung, ihre Heiligung, die uns verbietet, damit gleich-gültig und verantwortungslos umzugehen. Und es ist die Sakramentalisierung, Individuation und Personalisation unserer selbst.

Die sakramentale Kraft der Symboldinge

Immer wieder stehe ich staunend vor dem Spiel der Zufälle: Kaum hatte ich das Kapitel beendet über Leonardo Boff und den Zigarettenstummel seines Vaters, der für ihn zum Sakrament geworden war, las ich in meiner Zeitung einen tief berührenden Bericht mit dem Titel: *„Brot des Lebens".*[44]

Ein 85 Jähriger erzählt sein Leben:

1945 mit seiner Familie aus dem Sudetenland ausgewiesen, wieder halbwegs heimisch geworden in der Nähe von Hof, wo er eine Lehre als Schuster machte. 1956 beschließt der Schuhmachergeselle, Hof zu verlassen. Da wickelt ihm seine Mutter einen Kanten Brot in ein Stück Papier und drückt es ihm in die Hand mit den Worten: *„Das nimmst du mit und hebst es auf, damit du nie mehr hungern musst."* Halbseitig abgebildet: Das inzwischen trockene, aber unversehrte Brot auf einem Stück Papier über lose hingelegten Fotos aus der Vergangenheit. Zusammen waren sie in einem Erinnerungskarton aufbewahrt, den der alte Mann nun für die Journalistin aufgemacht hat und seine Geschichte erzählt. Er ist schwer krank und wird wohl nicht mehr lange leben, aber das Brot hat ihn, wie er sagt, glücklich durchs Leben gebracht bis zum heutigen Tag, und er möchte, dass es ihm in den Sarg mitgegeben wird. Bis jetzt hat niemand aus der Familie von diesem besonderen Geheimnis gewusst, das er 64 Jahre so verwahrt hat. Erst jetzt hat seine Familie davon erfahren, weil er mit ihr seine letzten Wünsche bis ins kleinste geregelt und besprochen hat und gezeigt, wie er das Brot in die Mulde seiner geöffneten Hände hineingelegt bekommen möchte, als würde er es halten. Denn *„das Brot, sagt Robert Herrmann, sei für ihn eine Verbindung zur Schöpfung und zu Gott. Vielleicht ist es ja so, dass ihm damit einfach nichts passieren kann. Und außerdem, so hat er dem Stiefsohn erzählt, wolle er es nun seiner Mutter zurückbringen"*, schließt der Artikel.

---

44 Stuttgarter Zeitung, 14. März 2020

Was für eine Geschichte, was für ein Geheimnis, was für ein Schatz ...

Tief berührt erinnere ich mich an all die Märchen meiner Kindheit, in denen ein hilfreiches Wesen dem Helden oder der Heldin ein immer nachwachsendes Brot mitgibt auf den mühsamen und gefahrvollen Heldenweg, den im Grunde ja jedes Menschenleben bedeutet.

Und hier ist es die *Mutter,* die aus einem elementaren Instinkt heraus ganz spontan einem Ursymbol des Lebens eine sakramentale Weihe verleiht, die es aus allen anderen Brotstücken heraushebt und dem Sohn zum geradezu personhaften Symbol des absolut verlässlichen Mütterlichen wird, zum Symbol des Lebens, das nährt und bewahrt und dem Werden Schutz verleiht. Und er seinerseits weiß ebenso instinktiv, dass dies ein Geheimnis ist, das ein Leben lang vor dem Blick anderer gehütet werden muss – weder seine Frau noch seine Kinder erfahren davon – bis der Moment kommt, wo er sein Ende kommen sieht und das Bedürfnis hat, dankbar auf alles zurückzublicken und die letzten Dinge zu ordnen.

Dieses Stück Brot, dieses Stück trocken gewordene, aber in seiner Beschaffenheit unmittelbar als ein Kanten Brot erkenntlich gebliebene Materie, hat den Mann durchs Leben getragen. Seine Substanzialität war sakral, jederzeit vergegenwärtigbar – aber es war für ihn gar nicht nötig, es immer wieder herauszuholen, um sich seiner zu vergewissern. Es war sakral nicht nur durch seine absolute Einmaligkeit in seiner Beschaffenheit, nicht nur durch die Einmaligkeit und Bedeutung durch die Situation, in der es ihm gegeben worden war, durch die Liebe seiner Mutter, durch deren spontane Handlung, ihre Worte, durch welche die Stimme einer urtümlichen mütterlichen Weisheit hindurchklang. Von Anfang an war es *mehr* als das alles, ein wie aus einer anderen Dimension gegebenes Versprechen, das die Grenze seiner Dinglichkeit weit überstieg. So weit, dass der heranwachsende Junge, der Mann und spätere Ehemann nie das Bedürfnis hatte, seine Erinnerung durch konkrete Betrachtung aufzufrischen – die absolute Verlässlichkeit und Magie, die von seiner sicher oft vergessenen Brot-Präsenz ausging, war so groß, so unumstößlich, so elementar sakramental, dass seine geheime Existenz genügte, um den Mann durch alle Schwierigkeiten, die auch ein glückliches Leben mit sich bringt, hindurchzutragen. Ihn in einer archetypischen Verbindung „zu Gott" zu verankern, die ihn auch Alter und Krankheit nicht als Verhängnis sehen ließ, sondern als etwas, was eben auch in den Kreislauf und die Verbundenheit aller Schöpfung hineingehört und mit Würde abgeschlossen werden kann. Ja, sogar in ein „Darüberhinaus" abgerundet, wenn er sich vorstellt, dass er diese sakramentale „Mitgift" seiner Mutter nun „zurückbringen" kann – als Dank.

Was mich an dieser Geschichte besonders beeindruckt ist, dass dieser Mann sein ganzes Leben über nie über die Geschichte dieses Stück Brots gesprochen hat. Wir erfahren nicht, ob er das Gefühl hatte, dass das Bewahren seines Geheimnisses ein wesentliches Moment seiner Wirkmächtigkeit sein könnte. Ein „personalisierender" Schutz, um eine innere Unabhängigkeit zu bewahren und echte Identität zu bilden.

Denn nicht nur im Märchen ist das Bewusstsein, an ein ganz persönliches Geheimnis angeschlossen zu sein, ja, es für sich ganz allein „zu besitzen", eine große Hilfe dabei, nicht im Kollektiven unterzugehen. C. G. Jung hat das oft und oft beschrieben und auch für sein eigenes Leben für gültig erkannt – dazu muss man nur seine Erinnerungen lesen.[45] *„Ein Mysterium zu besitzen, gibt Kraft, vermittelt Einmaligkeit und versichert einem, dass man nicht in der Masse untertauchen wird ..."*, sagt er auch einmal in einem Ge-

---

45 C. G. Jung/Aniela Jaffé, Träume, Gedanken, Erinnerungen, Olten und
    Freiburg, 1984

spräch.[46] Statt *„in der Masse untertauchen"* kann man auch sagen, sich nicht von den vielen kleinen Kalamitäten überrollen lassen, die jedes Alltagsleben unweigerlich mit sich bringt und die geheimnisvollen Zusammenklänge, die es ja auch gibt, überlagert.

Es ist nicht uninteressant, auch die Unterschiede zu betrachten, die zwischen dem Zigarettenstummel des Vaters in Leonardo Boffs Schublade und dem „Brot des Lebens" in der anrührenden Geschichte des Flüchtlingsjungen aus dem Sudetenland zu beobachten sind.

Für den letzteren bleibt das Brot, das ihn sein Leben lang „vor Hunger bewahren" soll, sein allerpersönlichstes Geheimnis, in welches er auch seine spätere Frau nicht einweiht. Es verbindet ihn mit seiner Mutter, bringt ihm seine ursprüngliche Verwurzelung in Erinnerung, die so, wie *er* ganz persönlich sie erlebt und gefühlt hat, für jemand anderes nie genauso nachvollziehbar wäre und die vielleicht nur wirksam bleiben kann, wenn er sie keinerlei Minderung durch ein Darübersprechen aussetzt, in dem immer die Gefahr einer „Verflachung" oder Entheiligung steckt. Dennoch weist sein Geheimnis auch über das Persönliche hinaus – nicht nur dadurch, dass man jedem „magisch" empfundenen Gegenstand eine irgendwie „anderweltliche" Kraft innewohnend empfindet, sondern weil er auch unwillkürlich den Bedeutungshorizont über sich selbst hinaus ausgeweitet hat in eine Beziehung zu Gott und seiner Schöpfung. Denn was liegt dem christlich Erzogenen näher als das Brot, wenn es um unmittelbar sakramentale Bezüge gilt. *„Das Brot erinnert an etwas, was kein Brot ist und Brot transzendiert"*, schreibt Leonardo Boff.[47]

---

46   Zit. n. Sally Nichols, Die Psychologie des Tarot, Interlaken 1984, S. 390 Man kann dabei natürlich auch an die Techniken von Geheimbünden erinnern, die sich solcher Mittel bedienen und den Einzelnen dabei nicht immer in seiner „Personalisation" oder „Individuation" untertützen, sondern ihn im Gegenteil auch schwer missbrauchen können. Hier tut Unterscheidung not! Aber darum geht es ja in dem hier genannten Beispiel nicht.

47   Boff. S. 38

Gleichwohl ist es absolut diesseitig, materiell, hat ein bestimmtes Gewicht, Form, Farbe, Geschmack, man kann es in die Hand nehmen, essen, mit anderen teilen – oder eben als ein *Zeichen* nehmen für etwas, was über seine hiesige konkrete Bedeutung hinausgeht, es in einen ganz persönlichen – oder auch weit darüber hinausführenden Bedeutungshorizont stellen. Beides klingt in den Erklärungen des alten Mannes und der Geschichte seines mütterlichen „Brot des Lebens" an. Doch in seinem sakramentalen Verhältnis dazu überwiegt doch das herausgehobene, ganz persönliche Moment dieses ganz bestimmten und für ihn einzigartigen Kanten Brots – so, wie für den kleinen Prinzen seine einzigartige, persönliche Beziehung zu seiner Rose überwiegt, auch wenn er gesehen hat, dass es hundert ähnliche gibt, die ihr gleichen: Nur diese eine hat die Kraft, ihn an seine Verantwortung für seinen eigenen kleinen Planeten zu erinnern, die ihm anvertraute kleine Welt zu pflegen und dorthin zurückzukehren.

Auch für Leonardo Boff zählt das Moment des Herausgehobenen, Einzigartigen der Strohzigarette, und seine Beziehung zum Vater, der sie noch kurz vor seinem Tod geraucht hat. Sie erinnert ihn aber vor allem an seinen *Auftrag:* zu dienen. Und von Anfang an teilt er dieses Geheimnis mit den Schwestern. Es ist für ihn nicht nur ein ganz persönliches auf ihn allein bezogenes Sakrament und Mysterium, das ihm zur Mitte seines eigenen Lebens wird. Zwar ruft es auch in ihm einen ganzen Strom von Assoziationen hervor, die an seinen Vater, seine Familie, seine Herkunft, an die Unterstützung für seinen Weg erinnern, aber er scheut sich nicht, das zu zeigen und mitzuteilen. Denn dieser Zigarettenstummel, der nicht achtlos weggeworfen wurde, wird ihm über die persönliche Bedeutung hinaus zum Symbol für einen noch viel weitreichendere Bezugsrahmen, bekommt einen enorm ausgeweiteten symbolischen Horizont: Quasi exemplarisch weist der Zigarettenstummel darauf hin, dass grundsätzlich *alles,* was uns an „Welt" berührt, Gotteserscheinung ist und darum sakramental:

„In den Dingen widerfährt uns Gott."
Somit ist jedes Ding Sakrament, denn
... *„das Sakrament ist Teil der Welt (Immanenz), die aber in sich eine
andere Welt trägt (Transzendenz): Gott. Insofern also das Sakrament
[in diesem Fall das Ding, B. R.] also Gott gegenwärtig sein lässt, hat
es auch Teil an dieser anderen Welt."*[48]

Alles in dieser „materiellen" Welt übersteigt das, was wir ge-
meinhin als unsere „reale Welt" erfahren, und die wir im allgemeinen für die einzig mögliche „Realität" halten. Doch in dem
Moment, da uns bewusst wird, dass *jeder* Gegenstand, *jedes* Geschehen *Gotteszeichen,* und das heißt *sakramental* ist, absorbiert
der sakramentale Gegenstand den auf ihn gerichteten Blick des
Menschen nicht mehr völlig auf dieses Einmalige hin, sondern
lenkt ihn darüberhinaus, lenkt ihn auf „Gott" oder wie immer
wir diese realitätsübersteigende Wirklichkeit nennen mögen. Insofern hat *alles* in der Welt *hinweisenden* Charakter – aber umgekehrt auch *offenbarenden,* und das verdient in meinen Augen
noch einmal entscheidende Betonung:

Die unsichtbare Gegenwart Gottes im sakramentalen Ding *„bewirkt, dass dieses ... durchsichtig wird. Ohne aufzuhören, zur Welt zu
gehören, wird es zum Vehikel und Instrument, das uns die Welt Gottes
vermittelt. Es ist ein Ereignis göttlicher Transparenz und Dia-phanie
[des Durchscheinenden, B. R.]".*[49]

Insofern liegt – nicht nur für Leonardo Boff – in *jedem* Ding, *jedem* Geschehen im Augenblick ein existenzieller Anruf, nicht nur
dessen Einzigartigkeit zu erkennen, sondern darüberhinaus sozusagen der ursprüngliche menschliche Be-ruf, *„gründlicher und
tiefer in das Herz der Welt hineinzuschauen ... Die wesentliche Beru-*

---

48 Boff, S. 47
49 Ebda, S. 48

fung des irdischen Menschen besteht darin, zu einem sakramentalen Menschen zu werden."[50]

Ein *„sakramentaler Mensch"* wiederum ist derjenige, der zunehmend fähig wird, alles, was ihm begegnet an Dingen, Geschehnissen, Begegnungen – auch wo sie ihm schwierig und widerständig entgegen zu stehen scheinen – als Darstellungsform und Symbol Gottes zu sehen, sie sich „vertraut zu machen" und in seine Verantwortung zu nehmen. Als einen „Ruf", der nicht ungehört verhallen soll, sondern Mensch, Erde, Ding als Ausdrucksformen einer größeren, implizit in allem enthaltenen Ordnung erfahren lässt.

---

50 ebda

Über die „Dinge" hinaus

Die Versuchung ist groß, hier bei der „persönlichen Aufladung"
gewisser besonderer Dinge stehen zu bleiben, die sich zweifellos
in jedem persönlichen Lebensfeld finden lassen und die für den
Einzelnen eine über ihre Dinghaftigkeit hinausgehende symbolische oder (meist unbewusst) sogar sakramentale Bedeutung
haben. Ich habe auf meine Steine auf dem Schreibtisch hingewiesen (und könnte noch viele andere symbolisch hochaufgeladene
persönliche Dinge nennen, die zum Beispiel in einem daneben-
stehenden, reich ornamentierten indischen Messingkästchen
verborgen sind), ich habe von der Faszination von Steinen des
kleinen Pierre Teilhard de Chardin gesprochen, die auch den
großen nie verließ, was sicher kein Zufall ist.[51] James Hillman
spricht davon, dass auch Bierdosen, Türklinken und alle Dinge,
mit denen wir meist so achtlos umgehen, der „Individuation"
(und das heißt im letzten Sinn: der Sakramentalisierung) bedürften. Auf dasselbe will auch Leonardo Boff hinaus, und exemplarisch nennt er außer der Strohzigarette des Vaters noch andere, scheinbar unscheinbare Dinge: Einen Wasserbecher, der eine
besondere Rolle in der Familie spielt, eine Weihnachtskerze, die
ihm einst unter besonderen Umständen geschenkt wurde. Und
nicht zu vergessen den *„Gebirgszug, der immer wieder mein Fenster
besucht"* und dem er seine *„Kleine Sakramentenlehre"* widmet.

Es ist diese Formulierung, dass der Gebirgszug „immer wieder
mein Fenster besucht", die mich noch immer beschäftigt, denn
wie mir scheint, ist darin etwas enthalten, was man gar nicht in-
tensiv genug in sich wirken lassen kann.
Es ist nicht nur die Irritation, dass diesem doch in seiner massi-
ven Erdhaftigkeit und Materialität in alle Ewigkeit unverrückbar
ortsfest gegründet scheinenden Gebirge so etwas wie eine innewohnende Beweglichkeit zugeschrieben wird, eine Freiheit, die

---

51 C. G. Jung hat einmal bemerkt: *„Der Stein ist, wie der Gral, das schöpferi-
    sche Gefäß selber, das ‚elixier vitae‘"* (GW 12, S. 211, Anm. 127)

ihm erlaubt, „immer wieder" (also eben nicht „immer"!) „das Fenster" des Hauses in dem Leonardo Boff lebt, zu *besuchen* – was bedeutet, er kann auch ausbleiben! Als habe der Berg eigene Persönlichkeit und Macht, zu tun, was er will.

Das „Besuchtwerden" wird damit dargestellt als etwas, das nicht etwa völlig vom Willen des Mannes abhängt, der durch das Fenster hinausschaut, (wobei er dieses dabei aber sehr selten als eigene Gestalt wahrnimmt) sondern dass der Berg als eigenständiges Subjekt selbst entscheidet, wann er den Blick des (wahrscheinlich meist in seine Studien oder Gebete oder sonstige Arbeit Versunkenen) auf sich lenkt. Sodass dieser die *Empfindung einer plötzlich herantretenden Gegenwart* des Gebirgszugs feststellt, vermittelt durch die Ausschnitthaftigkeit, die durch den Rahmen des Fensters bedingt ist. So wird auch das Fenster zu einer *Person*: Es ermöglicht sowohl das *Hereinschauen* (als „Besuch") des Gebirgszugs, als auch dem *Hinausschauenden*, ihn wahrzunehmen. Es scheint also, als würde erst einmal das *Fenster*, nicht er selber „besucht", denn der Gebirgszug als solcher kann ja nicht ins Zimmer hereinkommen. Es ist dies wie ein sehr merkwürdiger, dynamischer Austauschprozess in dem drei personalisierte Subjekte zusammenklingen und interagieren: Der Berg (Erde), der sein Bild zum Fenster schickt, das Fenster (Ding), das Raum und Rahmen für den Besuch abgibt, und der Mensch, der durch sein Aufschauen diesen Prozess wahrnimmt und dann den An- und Ausblick genießt als einen wunderbaren, sakramentalen Augen-Blick im wahrsten Sinn des Wortes. Einen Augenblick der *„Selbstoffenbarung der Schöpfung"*, also der göttlichen Weisheit, in Gestalt des Gebirgszugs, so, wie es in den alttestamentarischen Weisheitstexten beschrieben ist, dass sie dem für sie Offenen entgegenkommt – wir könnten auch sagen, ihn „besucht".[52]

---

52   Vgl. G. v. Rad, Weisheit in Israel, S. 220

Vom „Besuch" der göttlichen Weisheit berichten auch viele Mystiker, wie etwa Heinrich Seuse, später Jakob Böhme, Gottfried Arndt und viele andere. Vgl. Brigitte Romankiewicz „Sophia kehrt zurück – Evangelische Mystik im Schatten Luthers", Freiburg 2015

Solche Augenblicke haben keine „ständige" Präsenz. Sie werden einem geschenkt, oft unvermutet, wie ein beglückender Besuch, der plötzlich hereinschaut. Sie werden geschenkt durch eine plötzlich erwachende Aufmerksamkeit für Gegebenheiten, die schon lange „da" sind, aber man hat ihnen keine Beachtung mehr geschenkt, hatte anderes im Sinn oder zu tun.

Ich stelle mir Leonardo Boff an seinem Schreibtisch vor einem Fenster vor, den Blick ins Weite gerichtet, aber in seine Gedanken zur Sakramentalität der Welt versunken – und plötzlich lässt ihn eine winzige Veränderung des Lichts, im Außen oder in seinem Innern, wahrnehmen, welches Schöpfungswunder dieser Gebirgszug vor seinem Fenster ist, und es ist, als würde in diesem Moment die ganze diesem innewohnende Schönheit in seinem Bewusstsein erst gegenwärtig durch die Kraft des Heiligen Geistes: Ein Schöpfungsmoment, die Neuschöpfung der Welt durch das Gewahrsein eines Menschen, den die göttliche Weisheit „besucht". Ähnliche Momente mögen immer wieder einmal vorausgegangen sein, aber immer wurde die unmittelbare Wahrnehmung auch wieder von anderem überlagert. Und *jetzt, jetzt* ist der „Besuch" wieder neu geschenkt, wird als Sakrament unmittelbar präsent, weil wie durch einen Windstoß des Heiligen Geistes, den Hauch (hebr. *ruach*) der göttlichen Weisheit (hebr. ebenfalls *ruach*) ein inneres Fenster dafür geöffnet wurde. Viele Mystiker berichten von solchem „Besuch".

Solche sakramentale Augenblicke sind Geschenke, durch die man – und sei es nur für einen kurzen Augenblick – ein „Darüberhinaus" erkennt und dessen verwandelnde Kraft. Sie beschenken einen mit einem überraschenden Glücksgefühl, in dem die innere Sortiermaschinerie der Kategorisierungen und Urteile still steht und man nur noch Schauen, Staunen und Wahrnehmen ist und das Wunder dieser Manifestation eines unfassbaren Schöpfungsgeheimnisses erkennt.

Und das Wunderbarste daran ist, dass unvermittelt ein (inneres) Fenster geöffnet wird. Das aber kann man nicht „machen" – so wenig, wie einst ein Grüppchen Jesustreuer in einem Zimmer in Jerusalem den Heiligen Geist durch magische Zauberpraktiken beschworen hat. Er war einfach plötzlich da, ungerufen und mitreißend mächtig, alle Sinne öffnend für die vergessene *eine* heilige Sprache, die vor dem Bau des Turmes von Babylon allen Menschen geläufig war. Die Sprache der Weisheit, der fundamentalen Einheit, die schon immer war und allem innewohnt. Dem, der sie vernimmt, kann jedes noch so flüchtige Geschehen, jeder Sonnenstrahl, jeder Windhauch, jedes Spiel von Blätterschatten, jeder Grashalm zum Sakrament, zur Gottesoffenbarung werden. Er kann wieder staunen über das Ungewöhnliche wie das Gewöhnliche, etwa darüber, dass gerade zwei helle Wolken am Himmel, die gerade „mein Fenster besuchen", in verschiedene Richtungen ziehen. Vielleicht auch darüber, dass der Zug nach Berlin, den ich in weiter Ferne den Bahnhof verlassen sehe, heute pünktlich ist, obwohl seit dem Ausbruch der „Corona-Krise" fast nichts mehr ist, wie es vorher war. Staunen selbst über den Schrecken, den das Auftreten eines bisher unbekannten Virus in dieser Zeit, in der man alles und jedes „im Griff" zu haben glaubte, in den meisten Menschen hervorruft und zwingt, Verhaltensmuster zu ändern, die teilweise längst erschreckende Formen angenommen hatten, aber mit immer nur noch mehr Überdrehtheiten überspielt werden sollten, ohne noch danach zu fragen, dass *„Mensch, Ding, Erde"* (Neumann) *Sakramente* sind. Keine der so oft und von verschiedensten Seiten als dringend notwendigen beschworenen hoffnungsvollen Bewusstseinsänderungen hat seit Neumanns Überlegungen (und vieler anderer) stattgefunden – und nun ist es fast, als nähme die Natur (oder die anfängliche Weisheitsordnung?) auf der elementarsten Seinsebene die Sache selbst in die Hand mit einer viralen Mutation, gegen die kein Gegenmittel bereitsteht ...

Doch wer will das so sehen?

Keinen einzigen Politiker, keinen Kirchenvertreter, schon gar keinen Wirtschaftsmenschen habe ich in soviel Wochen Krisenmodus sich dazu äußern hören, weder in Fernsehansprachen

noch in der Zeitung – bis auf eine einzige Ausnahme und da von einer Seite, von der ich als Fußball-Ignorantin sie zuletzt erwartet hatte! Genausowenig wie der Vetter, ein Physiker, der mich äußerst verwundert auf seinen Zufallsfund aufmerksam machte: Da hatte doch einer, dem wir beide wohl kaum so etwas zugetraut hätten, nämlich der Bundestrainer Joachim Löw (vom Sportredakteur mit ironischem Unterton als *„pastoral"* kommentiert) per Video einen hochemotionalen Appell an seine Mitbürger gerichtet, in dem er sagte: *„Die Welt hat ein kollektives Burn-out erlebt. Die Erde scheint sich ein bisschen zu wehren gegen den Menschen, der immer denkt, dass er alles kann und alles weiß."* Und weiter heißt es, *„der 60-Jährige habe mit nie zuvor geäußerter, intensiver Gesellschaftskritik sowie einen Aufruf zur Mäßigung im Kapitalismusdenken und zu mehr Empathie"* überrascht. In den vergangenen Jahren hätten weltweit *„Machtgier, Profit und Rekorde"* im Vordergrund gestanden. Wörtlich: *„Das Tempo, das wir vorgegeben haben, war nicht mehr zu toppen."* Verheerende Brände in Australien oder Ebola in Afrika *„haben uns nur am Rande berührt. Jetzt haben wir etwas, was die ganze Menschheit betrifft und wir merken, was wirklich zählt ..."* Die Corona-Pandemie habe die Welt *„fest im Griff, und nichts ist mehr, wie es vorher war."*[53]
(„Passt bloß auf, *was* wir für eine Seele haben ...!)
Und das spricht nun einer aus, der tatsächlich diese ganze größenwahnsinnige Szenerie von Höchstleistungs- und Selbstdarstellungszwängen, von permanenter Selbstausbeutung, Glamour, Käuflichkeiten und Korruption in allen Schattierungen ständig erlebt und erleidet, durchaus auch mitträgt und selbst nicht ganz freizusprechen ist von Eitelkeiten – aber immerhin sich vielleicht durch seine Herkunft aus einem Schwarzwalddorf (der Vater war Ofensetzer) noch eine erstaunliche Bodenständigkeit und Sensibilität bewahrt zu haben scheint.

---

53 Stuttgarter Zeitung, 19. März 2020

Dass nichts mehr ist, wie es vorher war, merken wir inzwischen von Tag zu Tag mehr – aber ich habe in der Woche, die seit diesem denkwürdigen Appell vergangen ist, noch keinen einzigen Menschen des öffentlichen Lebens wahrgenommen, der außerhalb der derzeitig üblichen Aufrufe zur Solidarität den Ball des „Yogi" Löw aufgenommen und ernsthaft weitergespielt hätte im Sinne dessen, dass wir *grundsätzlich* dazu aufgerufen wären, unser konsum- und spaßorientiertes „Nach-mir-die-Sintflut-Verhalten" zu reflektieren und zu ändern. Die Sintflut ist da – und würde sie wirklich zu einem Umdenken führen, so könnte man auch sie eines Tages vielleicht als ein *sakramentales Geschenk* erkennen, aber ich habe gewisse Zweifel daran.

Ich bin mir der Provokation dieses Satzes wohl bewusst. Doch mir scheint, dass diese besondere Situation eine Bewusstheit dafür in uns wachrufen will, dass in dieser „Pandemie" durchaus ein „Ruf" liegt, den ein für seine Zeit außerordentlich origineller Psychosomatiker 1925 bezüglich des Sinns von Krankheit formulierte:

„Im Krankwerden erklingt eine befehlende Stimme des ES ... Bis hierher und nicht weiter!... Lebe so nicht weiter, wie du es beabsichtigst, und diese Mahnung verstärkt sich je nachdem bis zum Zwang und zur Schutzhaft ...".[54]

Mystiker aller Zeiten haben immer wieder darauf hingewiesen und auch Seelsorgern und Psychotherapeuten ist das wohlbekannt: Gerade an Ereignissen, die äußerlich eine *Minderung* bedeuten, an Krankheiten, „Schicksalsschlägen", Schwierigkeiten, *könnten* Menschen ins Eigentliche reifen, in ihre „Individuation" (C. G. Jung) oder „Personalisation" (Teilhard de Chardin) – wenn sie denn *hören* würden!

---

54   Geotg Groddeck, Krankheit als Symbol, Frankfurt 1987, S. 151

Oder zumindest sich klar darüber würden, dass Hindernisse die Potenz zu kreativen Herausforderungen werden können, so schicksalhaft hart sie auch im Moment empfunden werden.

Und spontan fällt mir dazu ein Satz von Friedrich Hölderlin ein, ein Schwergewicht, das mir immer einfällt, wenn es schlimm kommt, und da wir uns in diesem Jahr 2020 in einem Hölderlin Gedenkjahr befinden, zu dem sich vielerorts Menschen zu wunderbaren Vorbereitungen zusammengetan haben, ohne nun durch Versammlungsverbote, Ausgangssperren etc. auf gebührende Resonanz hoffen zu können, erlaube ich mir, an diesen Satz hier zu erinnern:

„Des Herzens Woge schäumte nie so schön empor und würde Geist, wenn nicht der alte stumme Fels, das Schicksal ihm entgegenstünde".

Unser „Eigentliches" wird uns eben nicht nur durch „die schönen Dinge des Lebens" geschenkt, sondern auch durch „Geschenke", die wir zunächst nicht als solche erkennen.

Minderung, Leiden, Störung – auch das „Geschenke?

„Des Menschen Not ist Gottes Stunde", sagt ein bekanntes Sprichwort.
Doch es fällt uns schwer, in Zeiten von Einschränkung unserer Freiheit und Kräfte durch irgendwelche Nöte, Krankheit, Leiden und womöglich drohendem Tod ein „Geschenk" zu sehen. Einen Ruf der Weisheit, des Heiligen Geistes, ein „Sakrament" gar? Frommes Geschwätz. Das Gerede von „Krise als Chance". Abgedroschner Psycho-Sprech – wer glaubt schon wirklich daran?

Tatsächlich: wie soll man der eingefahrenen Gewohnheit eines Lebens in Überfluss, Konsumsucht und Hyperaktivität mit Appellen an Mäßigung, Rücksichtnahme, Verzicht, etwa auf „Corona-Parties", beikommen? Wie soll man die verhängten Kontakteinschränkungen hinnehmen, welche ein sich rasant verbreitender, unbekannter (und darum umso unheimlicher) Krankheitserreger verursacht hat? Wie mit der Angst umgehen, Zwangsferien und Verdienstausfälle aushalten in einer Zeit, wo das einfache Leben längst verlernt ist und man nicht schnell mal woandershin ausweichen kann, sich mit dem Flugzeug auf eine weit entfernte, von allem unberührte paradiesische Insel katapultieren lassen?
Auch ich, die ich nicht in ein stilles Häuschen auf dem Land flüchten kann, sondern aushalten muss, dass sich die Party-Unruhe, die sich nun aus den geschlossenen Clubs in die Randzone der Stadt verlagert hat, wo ich lebe, tue mich schwer. Es löst in mir nicht das Gefühl eines wunderbaren „Geschenks" aus, für das ich tiefe Dankbarkeit empfinden würde, weil es eine Herausforderung sein könnte, ein „Ruf", meine eingeschliffenen Wertungen und Reaktionsmuster zu ändern. Diese Urteile bei Tageslicht und klarem Kopf zu hinterfragen ist *eine* Sache. In empfindlichen Nachtstunden mit solchen (Ver-)Störungen umzugehen eine ganz andere. Da überkommt mich nicht nur Angst und Wut, sondern auch das Gefühl einer fremden, ja feindlichen

Macht. Die ich nicht hinnehmen will, geschehen lassen, nicht annehmen im unverbrüchlichen, tiefen Gottvertrauen, dass auch dieses mich Leidenmachende, eine der vielen Darstellungsformen ist, die das große absolute Eine der Schöpfungsordnung in unserer konkret empfundenen Erscheinungswelt annimmt. Da möchte ich mich nicht dankbar auf die Knie werfen vor der sakramentalen Heiligkeit der gewalttätig empfundenen Manifestation des unerforschlichen Göttlichen und „heilig, heilig, heilig" rufen, sondern wütend aufstampfen und „verflucht nochmal"[55] brüllen und mit dem „Schicksal", dem gar nicht stummen Fels hadern und rächend losstürmen – wenn ich nur wüsste, wohin ... Keinesfalls aber will ich das Gefühl, Opfer zu sein aushalten, durch die Macht der anderen, Fremden, Stärkeren gestört, vermindert, gekränkt und in meinem Eigensein, meiner Freiheit beschränkt. Oder demütig zur Kenntnis nehmen, dass meine Maßstäbe, was für mich das mir „Heilige" und das Verfluchte ist, vielleicht viel zu kleinlich und kleinbürgerlich sind und dringend einer Ausweitung bedürften.
Und bin mir dabei vor allem nicht bewusst, dass ich mit meiner Reaktion gewissermaßen Spiegelbild bin derjenigen, die meine Nerven strapazieren: Die hypernervösen Vitalen, die jede Einschränkung als Minderung ihres Selbstgefühls und ihrer Rechte sehen. Nur können sie halt, im Gegensatz zu mir, markig und aufmüpfig gegen alle Einsichtsmahnungen rebellieren und tun dies auch, vermutlich sogar ohne einen Gedanken daran, dass es für andere eine Plage sein kann.

Willigis Jäger, der weitbekannte Benediktinermönch und Zen-Lehrer, der vor kurzem 90jährig starb, sagte oder schrieb einmal: „Reif" sei man erst, „wenn man sich in alles fügen" könne.
Lange hatte ich diesen Satz an einem Kunstwerk einer Freundin hängen, das einen alten, in sich gekehrten Propheten mit ge-

---

55   Lat *sacer*, was von der Wurzel her auch das „Sakrament" bestimmt, kann sowohl „heilig" als auch „verflucht" heißen, eine äußerst bedeutungsvolle Antinomie, die da verschmolzen ist.

schlossenen Augen zeigt (aus der Kathedrale von Reims), über dessen sie als Unterglasmalerei einen leuchtenden Schein hingehen lässt.

Es geht eine große Ruhe davon aus, aber auch ein An-Spruch, von dem ich schmerzlich spüre, dass ich ihm nur wenig näher komme.

Denn meine Reaktion auf das demonstrative Sich-nicht-fügen dieser „Anderen" ist ja auch nicht viel „reifer" als sie, und es wäre hochnötig, hinzuhören *nicht* auf das Getöse, sondern auf den *„Ruf"* der Weisheit, die uns immer wieder versichert, dass sie *alles in allem* sei, *„allenthalben, so weit der Himmel ist und so tief der Abgrund ist."* (Sir 23, 7/8)

Der „Abgrund". Um den geht es. Auch das Abgründige „Unterirdische" (wie man heute alles Schräge und Unangepasste nennt) ist eine Darstellungsform des untrennbaren Einen, ob es sich um Leiden, Kränkung, Krankheit, Angegriffenfühlen oder Vereitelung des Gewünschten durch das „Schicksal", des Fremdmächtigen handelt. Ohne die Konfrontation damit kein Reifungsvorgang, keine „Individuation", keine „Personalisation". Darum bittet auch Pierre Teilhard de Chardin in seinen Reflexionen über das „Erleiden":

„ ...Lass mich ... Dich unter der Gestalt jeder fremden oder feindlichen Macht wiedererkennen, die mich zerstören oder verdrängen will. ...in all diesen düstern Stunden, lass mich, Herr, verstehen, dass Du es bist ..." [56]

Schwer, sehr schwer zu lernen: Dass *alles* „Sakrament" ist, *alles* Lobpreis und Rühmen verdiente. War Rainer Maria Rilke (1875-1929) wirklich „reif" dafür, als er es hymnisch als *die* Aufgabe des Dichters besang, letztendlich unser aller Aufgabe als „Dichter unseres Lebens"?

---

56   Pierre Teilhard de Chardin, Der göttliche Bereich, Olten und Freiburg, 1962, S. 91

O sage, Dichter, was du tust? – Ich rühme.
Aber das Tödliche und Ungetüme,
wie hälst du's aus, wie nimmst du's hin? – Ich rühme.
Aber das Namenlos, Anonyme,
wie rufst du's, Dichter, dennoch an? – Ich rühme.
Woher dein Recht, in jeglichem Kostüme,
in jeder Maske wahr zu sein? – Ich rühme.
Und dass das Stille und das Ungestüme
wie Stern und Sturm dich kennen?: – weil ich rühme.[57]

Vielleicht hat er es wirklich tief empfunden, wie die Dichter der Psalmen der Bibel, wie Paulus in seinen Briefen. In der ganzen Bibel lebt ja das Kunstwerk, in vielen Generationen durch Gestaltung vielerlei Mythen entstanden, und jedes Kunstwerk bedeutet Heiligung, Sakrament, Geheimnis, auch dort, wo es Verstörendes formuliert, ihm einen Sinn darüber hinaus gibt, dem, der es nicht nur flüchtig betrachtet, ein „geistiges Geheimnis" (Friedrich Daniel Schleiermacher) mitteilt. Nicht zufällig und ohne tiefe Einsicht rühmt ja auch der poesiebegabte Schleiermacher in seinen Reden über Religion „an die Gebildeten unter ihren Verächtern" die Religion als das *„erhabenste Kunstwerk"*[58], zu dem der Mensch fähig ist. Und auch Teilhard stellt die Kunst in unmittelbare Nähe zum Religiösen:

„So gibt die Kunst dank ihrer Macht des symbolischen Ausdrucks der auf der Erde entstehenden geistigen Energie ihre erste Gestalt und ihr erstes Gesicht ... Je mehr die Welt sich rationalisiert und mechanisiert, umsomehr braucht sie ‚Poeten' als Retter und das Ferment ihrer Persönlichkeit."[59]

---

57   Rainer Maria Rilke, Ausgewählte Kostbarkeiten, Lahr 1992, S. 17
58   Friedrich D. E. Schleiermacher, Über die Religion (1799), hrsg. A. Arndt, Hamburg 2004, S. 19
59   Zit. n. G. Schiwy, Teilhard de Chardin, Bd 2, S. 217/218

Alle Kunst entspringt einer schöpferischen inneren Lebendigkeit, die nicht aus behaglich-stabiler Anpassung an die Norm hervorgeht, sondern aus einer gesteigerten Sensibilität, die zugleich eine innere Verwundbarkeit und Erschütterbarkeit bedeutet. *„Sei erschütterbar"*, lässt Peter Handke eine Gestalt namens Nova in seiner dramatischen Dichtung „Über die Dörfer"[60] sagen.

Wer die Biografien von Künstlern kennt – nicht nur von Rainer Maria Rilke und Peter Handke – wird nicht nur einen finden, der aus einem hohen Leidensdruck heraus schöpferisch wurde. Aus dem Ansturm einer innerlich sich stauenden Fülle von vielfältigen, weit über das „Normale" hinausgehenden Ahnungen, die mit der Empfindlichkeit gegenüber den erschütternden Vorgängen in der Welt kollidierten und sie zeitweise in Abgründe tiefster Schwermut stürzte, besonders Rilke auch in körperliche Krankheit, ja, auch geistige Gefährdung.

Noch einmal also: Ruf der Weisheit? Sakramente? Geschenke?
„Niemals wird das Höhere in einfacher Lebensentwicklung erworben. Immer wird es mit Erschütterung und Gefährdung bezahlt", schreibt Romano Guardini in seinem schmalen, aber gewichtigen Essay „Vom Sinn der Schwermut".[61] Guardini wusste, wovon er sprach, er selbst war ein Gefährdeter, dem es aber gelang, diese *„tiefste Beziehung zur Fülle des Daseins"* (S. 43) gepaart mit der *„Sehnsucht nach dem Ewigen, Unendlichen"* (S. 45), nach dem Absoluten, die im vermeintlichen „Abgrund" der besonders tiefen Fühlung mit dem Urgrund kommen, umzuwandeln in Kreativität: Ein Künstler in der Schaffung neuer Liturgieformen, der Raumgestaltung zur Begegnung und neuen spirituellen Kommunikationsformen. Dem es gelang, auf diese Weise seinen Schmerz, sein Leiden am Leben, seine innere Bedrängnis nicht nur anzunehmen, sondern in unvergängliche Schönheit zu verwandeln – und so zu einem Geschenk für viele andere, die sich darin wiederfanden und ge-

---

60   Peter Handke, Über die Dörfer, Frankfurt 2002, S. 20
61   Romano Guardini, Vom Sinn der Schwermut, Kevelaer 2008, S. 31

tröstet und ermutigt wurden. Er erkennt in der Schwermut jenen *„geistigen Eros"*, der dem Ruf der Weisheit innewohnt: *„Die Herzkraft der Schwermut ist der Eros; das Verlangen nach Liebe und nach Schönheit."*[62] Und zuallermeist geht das Schaffen und Werden des Künstlers wie die des spirituell Suchenden *„aus einer inneren Bedrängnis hervor, die ja zugleich die Not sich stauender Fülle ist", ... die Not der Geburt des Ewigen im Menschen"* (S. 48/50).
Schwermut also als „schöpferische Resignation" und Motor des Neuen?
Damit wären wir wieder bei der alten Volksweisheit angelangt, mit dem ich das Kapitel begonnen habe, dass „des Menschen Not Gottes Stunde" ist. Tatsächlich kann sie einen Werde- und Reifungsimpuls enthalten, der den Menschen weit über sich und das Bestehende hinauswachsen lässt, in eine *„Niveauerhöhung des Bewusstseins"*, von der C. G. Jung im Kommentar zu Gerhard Wilhelms „Geheimnis der Goldenen Blüte" schreibt – diese „Niveauerhöhung", die der ganzen Menschheit dringend nottäte!
Darum durchaus die Not als „Chance": Durch den „Einbruch" einer „Störung", gleich ob körperliche Krankheit, seelischen Zusammenbruch, kollektives Schicksal kann ein „Riss" entstehen, durch den ein völlig neues Licht die Chance bekommt, sich bemerkbar zu machen. Jedes Gefühl einer Gefährdung ist zugleich Zeichen einer gesteigerten Sensibilität, ja Lablität, die in unserer Gesellschaft zwar als Schwäche gebrandmarkt wird, aber letztlich dasjenige Element ist, was Lebendigkeit erst ermöglicht: Routinierte Sicherheit mag zwar zeitweise ein komfortables Gefühl geben, aber sie neigt dazu, alle schöpferische Lebendigkeit zu blockieren. Instabilität hingegen, die wir als peinlichst zu vermeidende Schwäche tunlich unterdrücken, so gut wir können, eröffnet zugleich Chancen zur Weiterentwicklung, und das ist nicht nur aus der Sicht eines frommen Mannes wir Romano Guardini so, sondern dasselbe sagt uns auch ein aller Frömmelei unverdächtiger Quantenphysiker wie Hans-Peter Dürr, Träger des Alternativen Nobelpreises:

---

62   Guardini, Schwermut, S. 44

„Lebendigkeit verlangt, sich in Unsicherheit zu begeben – oder positiver: in einen sensiblen Schwebezustand. Also gerade dort, wo wir uns am unsichersten fühlen, sind wir am lebendigsten und auch am kreativsten ... Unsicherheit bewirkt Sensibilisierung.“[63]
Und an anderer Stelle lesen wir:

„Die Sensibilität, mit der wir die Wirklichkeit geistig erfassen, wird durch Instabilität erkauft. Wenn wir im stabilen Grundzustand sind, passiert uns nichts, aber das Geistige könnte nicht mehr zum Ausdruck kommen, die Welt der Ahnungen und Gedanken wäre verschüttet, denn alles Lebendige mit seiner Offenheit, Kreativität, mit Geist und Seele wäre in diesem Fall weggemittelt...“[64]

Müssen wir uns also grämen, wenn die Dinge nicht laufen, wie unsere (meist kollektiv normierten) Vorstellungen, wie das Leben zu sein habe?
Uns „von Gott verlassen fühlen“ – oder dürfen wir sogar in einschneidenden Hindernissen, Leiden, Krankheit, Störungen des Gewohnten wirkliche *Sakramente* sehen, *Heiligungen* des lebendigen seelisch-geistigen Lebens, die uns auch neue Freiheiten geben können, neue Fähigkeiten entdecken lassen, auf neue Weise schöpferisch zu werden?

„Wer den sicheren Weg geht, ist so gut wie tot“, sagt C. G. Jung in seinen Erinnerungen (S. 301). Wenn wir jedoch fähig sind, Unsicherheit und Störung als *sakramentales Geschehen* zu sehen, können wir erleben, dass von irgendwoher *„ein höheres Licht in sie hineinfällt. Das Licht beleuchtet die Dinge, macht sie transparent und durchsichtig.“*[65] Durchsichtig für eine höhere Wirklichkeit, ein

---

63 Hans-Peter Dürr, Auch die Wissenschaft spricht nur in Gleichnissen, Freiburg 2004 S.65 ff

64 Ders.: Warum es ums Ganze geht – Neues Denken für eine Welt im Umbruch, Frankfurt 2009, S. 105

65 Boff, S. 22

neues Bewusstsein, zu dem wir jetzt keinen Zugang haben: *„Das Sakrament verändert die Welt."*[66]

Und so kann es sehr wohl sein, dass selbst schwere Verunsicherungen, zu etwas Neuem führen, was uns das Leben und das, was Mensch, Dingen und Welt ihren Wert gibt, in neuer Weise schätzen und kultivieren lehrt und uns aus einem mechanistisch orientierten „seelischen Totsein" auferweckt – wenn wir für den darin wirkenden „Ruf" die Ohren und das „Herz" öffnen – und das *„Rühmen"* nicht vergessen! Denn das „Rühmen" *öffnet* in uns etwas, schafft einen Raum für ein neues, bisher nicht „realisiertes" Bewusstsein – durch das wiederum etwas zuvor Abgewehrtes zum Sakrament werden kann. In dem „aus einer anderen Dimension" einfallenden Licht und durch den erlittenen Riss können wir ihm neue Bedeutung geben, einen *schöpferischen Sinn*, der unserer Beziehung zur Welt eine neue, „personalisierende" Qualität gibt.

---

66   Ebda, S. 26

„Jeder Tag steckt voll Sakramente"[67]

Ich glaube, es ist längst klar geworden, dass nicht nur Dingen, ein sakramentaler Charakter zuwachsen kann. Dass es wesentlich auf unseren *Blick,* unsere innere *Einstellung,* unsere *Haltung* ankommt, mit der wir durchs Leben gehen. Auf die Art und Weise, wie wir auf Dinge, aber auch Orte achten, auf unsere Haltung gegenüber Arbeit und Muße, wie auch wie wir Geschehnisse aller Art, Ereignisse, Beziehungen, Kontakte, Akte, Entscheidungen, ja sogar „Zeit" betrachten. Ein verwandeltes und verwandelndes Bewusstsein, das alles in seiner Eigenart „wahr"-nimmt, auch *seinen unsichtbaren, transzendenten Hintergrund* – den unser Blick mitbestimmt!

Joachim von Fiore sah diese neue Bewusstwerdung bereits vor 1000 Jahren in einem herannahenden Zeitalter des Geistes vor sich, und spätestens seit der Zeit der Entdeckungen der Quantenphysik vor hundert Jahren zeigt sie sich auch immer stärker sowohl im spirituellen wie auch säkular forschenden Bereich. Sie fordert uns auf, wahrzunehmen, dass alles sich Ereignende zunächst nur Möglichkeit, Potenzialität ist, an deren „Materialisierung" unsere meist unbewussten seelisch-geistigen *„Erwartungsfelder"* (Dürr) schöpferisch mitgestalten. Sie sind nicht „nichts", sondern *„die realen Erscheinungsformen basieren auf einem Zusammenspiel immaterieller Wirkungen."*[68] Doch das „wahr" zu nehmen, wirklich ernsthaft für wahr halten, hängt in hohem Maße von unseren Haltungsänderungen ab.

Denn es wird auf unsere *seelische Haltung,* auf unsere *geistige Wachheit* und *Aufmerksamkeit* ankommen, mit denen wir in Leben und Geschehen deren Sinn und Geist erkennen lernen, so wie es uns Martin Buber in einer seiner „Erzählungen der Chassidim" vor Augen führt:

---

67 Boff, S. 21
68 Hans-Peter Dürr, Auch die Wissenschaft spricht nur in Gleichnissen, Freiburg 2004, S. 60

„Die Straßen von Nahardea
Rabbi Schalom sprach: ‚Von einem sternkundigen Weisen erzählt der
Talmud, die Bahnen des Firmaments seien ihm lichtklar gewesen wie
die Straßen seiner Stadt Nahardea. Aber könnten wir von uns doch
sagen, lichtklar wie die Bahnen des Himmels seien uns die Bahnen un-
serer Stadt! ***Denn in dieser niedersten Welt, der Welt der Körper-***
lichkeit, das verborgene Gottesleben aufleuchten zu lassen, dies
ist das Größere von beidem.“[69]

Wie betrachten wir unsere Straßen, in denen wir leben, die Orte,
wo wir wohnen oder die wir besuchen? Die Landschaften, Aus-
blicke aus dem Fenster, von denen wir uns „besuchen lassen"?
Die Bäume, Büsche, Blumen, einen einzelnen Grashalm? Die Zu-
taten, aus denen wir unsere Mahlzeiten zubereiten – rühmen,
ehren wir sie als „Gottesleben", lassen das Sakramentale daran
aufleuchten? Das Einzigartige, Wesentliche, das man nur „mit
dem Herzen sieht"?
Sehen wir, dass – wie Leonardo Boff sagt – jeder Tag „voller Sakramente steckt" – wie mein Glimmerstein aus dem Ötztal voller
Granatkristalle (von denen die meisten verborgen sind ...)?
Ja, ich glaube, wir ahnen es.
Aber wir ahnen auch: Diese Aufmerksamkeit für das „Gottesleben" in allem bedarf der *Übung.* Einer nie nachlassenden Übung,
die sich nicht auf zwei Meditationskurse im Kloster pro Jahr reduzieren lässt (vielleicht sogar damit lange nicht soviel zu tun
hat, wie wir meinen). Vielmehr geht es um die stete Bereitschaft
und Offenheit, in allem und jedem in unserem Alltag „das Sakrament" zu entdecken: Heiligung und *„Kult der Materie, des Lebens,*
der Energie", wie sie Teilhard de Chardin sich und seinen Lesern
ans Herz legte.

Es ist also eine Aufgabe, die unser gesamtes Leben angeht, den
bewussten Umgang mit den Dingen, mit denen wir umgehen,
wie mit Begegnungen, „Zufällen", mit den banalsten „Kleinig-

---

69   Martin Buber, Erzählungen der Chassidim, Zürich 1949/2014, S. 417

keiten" und Handlungen, etwa damit, wie ich nun gleich in die Küche gehen werde um mir eine frische Tasse Tee zu holen. Ob ich das hastig und „nebenbei" tue, oder mir dabei bewusst bin, dass diejenigen, die den Tee gepflückt haben, sich diese Qualität selber gar nicht leisten können und vielleicht nicht einmal immer satt zu essen haben, bewusst, wie privilegiert ich bin, mir jederzeit eine Packung nachkaufen zu können, „fair gehandelt" natürlich, im Weltladen, sodass mir der Kauf zugleich ein komfortables Gewissen beschert, das mich hier am Schreibtisch begleitet. Ob ich dann Schluck für Schluck wirklich genieße, aus dieser ganz besonderen Tasse mit reichen Blumenornamenten, die in Vignetten kleine grüne Elefanten umrahmen: Eine Freundin hat sie mir geschenkt, weil sie eine Erzählung von mir besonders liebt, in der ein kleiner grüner Jade-Elefant eine wundersame Rolle spielt.

Viele solche besonderen Dinge mit besonderen Geschichten beherbergt mein Haus, viele Bilder, Bilder- und Textsammlungen zu bestimmten Themen, die mir wichtig sind, Bücher, gespickt mit bunten Klebezettelchen, Briefe, schön gestaltet von ihren Absendern als kleine Kunstwerke, weil auch ich gern solche produziere – von allem viel zu viel, als dass ich den pfleglich-bewussten Umgang damit so kultivieren könnte, wie er eigentlich jedem einzelnen Stück zukommen würde, zu viel, als dass ich für den Umgang damit wirklich die nötige Muße und kontemplative Ruhe aufbringen würde, die ihm als „Sakrament" gebührte und „das Gottesleben" in ihm aufleuchten lassen.
Nur momentweise gelingt es mir, das in einem langen Leben mit vielseitigen Neigungen Angesammelte so zu würdigen und zu ehren, wie mir meine Ahnung sagt, dass es sein müsste. Dasselbe gilt für die Schönheiten des riesigen Gartens vor meinen Augen, den Ausblicken auf die Stadt, die staunenswerten augenblickshaften Wechsel der Himmelslandschaften die „mein Fenster besuchen". Nur momentweise bin ich auch ganz und gar anwesend im *Jetzt,* verweile, um wahrzunehmen was sich geradezu in ein-

maliger Art und Weise zeigt, wie die Eindrücke und Gedanken zusammenspielen und sich Augenblicke des Glücks einstellen, im Bewusstsein für das *Wunderbare, Besondere, Einmalige,* welches das Leben in jedem Moment unwiederholbar aufleuchten lässt. Das gilt auch für das in einem besonderen Moment entstandene Sophia-Figürchen auf meinem Schreibtisch, den „Ruf der Weisheit", für ihre Stimme, die den Menschen in seine wesentliche Bestimmung ruft: zu erkennen, dass die *ganze* Schöpfung, die ganze Welt, ohne aufzuhören Welt zu sein, eine Wirklichkeit offenbart, die über alles rational fest-Stellbare hinausweist. Auf das Wunderbare, das „Lied in allen Dingen" (Eichendorff), das die Romantiker auch ohne theologisches Vokabular als das Wesentliche erkannten.

Es liegt also am *Menschen* selbst, ob er durch seine Aufmerksamkeit, seinen Blick, seine bewusste Zuwendung fähig ist, dieses symbolische „Darüberhinaus" in allem zu entdecken und die Welt in jedem Augen-Blick neu zu erschaffen, indem er (in den bekannten Worten Friedrich von Hardenbergs, genannt Novalis) *„dem Gemeinen einen hohen Sinn, dem Gewöhnlichen ein geheimnisvolles Ansehen, dem Bekannten die Würde des Unbekannten, dem Endlichen einen unendlichen Schein"* zuerkennt.

Der Fuchs aus dem kleinen Prinzen würde bestimmt keine Sekunde zögern, Novalis beizustimmen. Leonardo Boff könnte vielleicht einwenden, dass es nicht *wir* sind, die den Dinge oder Geschehnissen einen „unendlichen Schein" geben müssten, sondern dass dieser transzendente Schein allem, was uns begegnet bereits innewohnt (immanent ist), und dass unsere Rolle lediglich darin besteht, durch unsere aufmerksame Hinwendung die *Durchsichtigkeit* (Transparenz) aller Dinge und Geschehnisse für das Unendliche zu entdecken.[70] Und genau das, wäre es, was ein „neues Bewusstsein" ausmachte …

---

70 Vgl. Boff, S. 45

An dieser Stelle muss ich nun erst einmal innehalten und – auf die Gefahr mich zu wiederholen – zurückkehren zu meiner Lebensrealität.

Ja, gewiss steckt jeder Tag (und mein Haus und Garten, meine Umgebung) tatsächlich „voller Sakramente".

Und gerne wollte ich so leben, dass sich jedes Ding, jeder Augenblick „individuieren" (Hillman) würde, in seiner ganzen Bedeutung erkannt werden.

Aber wie sollte ich das anstellen, angesichts des Vielen in meinem Haushalt, das Aufmerksamkeit, Pflege, Würdigung braucht?

Schließlich bin ich kein franziskanischer Asket oder fernöstlicher Mönch, der mit drei Roben, einer Schale für seinen Reis und einer Schlafmatte auskommt. Darum überkommt mich dabei regelmäßig ein Gefühl idealischer Überforderung angesichts meiner alltagspraktischen Realität.

Zwar quellen die Buchhandlungen über (!) vor Ratgebern, wie man sich von „Überflüssigem" befreit im Stil von „simplify your life" & Co.

Und ich habe auch immer wieder Anläufe unternommen, wenigstens etwas davon zu realisieren. Aber immer kommt dann der Punkt, wo ich kapitulieren muss.

Für einen Menschen mit vielseitigen Neigungen, zu denen jeweils auch ein entsprechender Fundus an Literatur oder Bild-Text- und anderem Gestaltungsmaterial gehört, bleiben radikale Reduktionen ein unerreichbares Ideal, das am „wahren Leben" auch wieder vorbeigeht.

Bleibt mir also auch ein „sakramentales" Leben unerreichbar?

Müsste ich es völlig ändern, mich trennen von all den Dingen, denen ich doch auch durch meinen wertschätzenden Gebrauch zu ihrer (!) „Eigenheit", ihrer „Individuation" verholfen habe, indem ich mich beispielsweise in meinen Büchern auf sie beziehe, sie nenne, vielleicht gar beschreibe – wie hier die beiden geheimnisvollen Steinbrocken auf meinem Schreibtisch?

Der große Religionsphilosoph Raimon Panikkar (1918-2010) fällt mir ein. Ich halte viel Bücher von ihm in Ehren. Eines trägt den Titel *„Der Weisheit eine Wohnung bereiten"*[71] und ich habe woanders schon viel daraus zitiert, lese es auch immer wieder neu, denn auch Zeit „zeitigt" neue Verstehensebenen, wirkt „sakramental", wie ich glaube.

Auf einer der letzten Seiten berichtet er von 9 „Sutren" (= Regeln, denn er hat, obwohl christlicher Mönch, auch lange als Hindu gelebt), die er für sich selbst aufgestellt hat und die ich immer wieder lese.

Jetzt nehme ich sie mir wieder einmal vor:

„(1) Bei mir selbst anfangen;
(2) In mir selbst anfangen (also ohne Anstoß von außen);
(3) Mich der GANZEN Realität öffnen;
(4) Dort anfangen, wo ich selbst bin: keine tabula rasa, *nicht warten auf die optimale, ideale Ausgangssituation – zum Beispiel ‚wenn ich Geld haben werde ...', ‚wenn ich heiraten werde ...', ‚wenn ich dies oder jenes fertighaben werde',‚wenn ich besser bin ...'!"*[72]

Weiter brauche ich diesmal nicht zu lesen. Denn das ist es:
„Dort anfangen, wo ich selbst bin: keine tabula rasa, *nicht warten auf die optimale, ideale Ausgangssituation ..."*
„Keine tabula rasa.*"*
Das ist die Botschaft, die ich brauchte – und das „Sakrament des Augenblicks", der „Zu-Fall" hat mir Panikkars Sutren heute morgen als Text für meine kleine Morgenmeditation zugespielt! Und mich damit erlöst aus einem Dilemma, das mich plagt, befreit von einer für mich nicht tauglichen Zwangsvorstellung, die mir immer wieder zuflüsterte: „ Solange du so viele Dinge bei dir aufbewahrst und so viel verschiedenen Interessen nachgehst, kannst du dich nichts von alledem „sakramental", „heiligend" und wirklich würdigend widmen."

---

71   Raimon Panikkar, Der Weisheit eine Wohnung bereiten, München 1990
72   Panikkar, Weisheit, S. 192

„Keine *tabula rasa.*" (wörtl. „ausradierte, leere Tafel") *„Dort anfangen, wo ich selber bin"*. Mich nicht Konzepten unterordnen, die mir die Basis meiner Kreativität nehmen.

Was für ein „sakramentaler Augenblick", in dem ich diese Erlaubnis zugespielt bekomme!

Denn alles in meinem Haushalt Befindliche hat mich ja mit Erfahrungen bereichert und dadurch für mich auch Besonderheit, Einzigartigkeit ja, Individualität bekommen, indem ich einen besonderen Bezug dazu gewonnen habe. Dafür bin ich all diesen Dingen dankbar – warum also sollte ich *„tabula rasa"* machen, meine Erfahrungen damit, die mir doch kostbar sind „ausradieren", um einem abstrakten Konzept zu folgen, das (illusionäre?) Klarheit verspricht? Warum sollte ich mich losreißen (lat. *abstrahere)* von den sinnlich-dinglichen und emotionalen Bezügen zu ihrer Materialität und Energie, die doch von der anfänglichen Weisheit nicht abtrennbar sind?

Ich bin sicher: Alle diese Dinge haben auf bestimmte Weise eine „Individuation" oder „Personalisation" erfahren, sind Medium der Weisheit geworden, die in ihnen Wohnung genommen hat – und vielleicht bei mir wirkliche, wirksame Wohnung gefunden. Weshalb ich mich auch darauf verlassen kann, dass sie mir – jeweils wenn der richtige Moment, der berühmte *„kairós"* dafür ist – von dorther ihre Signale zukommen lässt, ihre Winke, ihren Ruf, so wie gerade geschehen, indem sie mich an Raimund Panikkars Weisheits-Buch und seine persönlichen „Sutren" erinnert hat.

Und wie zur Bestätigung fällt mir die Eremitage eines befreundeten Benediktinermönchs in einer alten Burg ein, vor der wir unlängst seinen Geburtstag feierten: Die Klause bis zur Decke vollgestopft mit Büchern und Schriften, kaum ein Plätzchen für den PC, seine Habits irgendwo seitlich des engen Eingangs aufgehängt: Wie kann es auch anders sein bei einem Menschen, der aus der Fülle schöpft, der rastlos forscht, schreibt, publiziert, zwischendurch Tagungen und Zen-Meditationen leitet, Vorträge

hält, Symposien und Ausstellungen organisiert, Pilger empfängt zur Seelsorge, Stundengebete in seiner Kapelle zelebriert ....
Und wie könnte man ihm „nicht-achtsamen", womöglich „unsakramentalen" Umgang mit dem ihm Anvertrauten vorwerfen? Und dass er dem „Ruf der Weisheit" nicht folgte?
Lebt er nicht jeden Augenblick, der ihm geschenkt ist, in seiner ganzen Fülle und immer bewusst und schöpferisch zwischen Kontemplation und Tätigsein, zwischen *Ora et labora*", nach der Regel des Heiligen Benedikt?

Zeit – das unfassbare Geheimnis

Darüber, was „Zeit" ist, haben sich schon Heerscharen von Philosophen den Kopf zerbrochen. Von Augustinus (354-430), einem wahrlich scharfsinnigen Kopf, erst Anwalt und in alle relevanten Mysterien seiner Zeit (...) eingeweiht, dann Christ, Bischof von Hippo, Verfasser der ersten bekannten Autobiographie im Stile von „Bekenntnissen" (*Confessiones*), wird berichtet, er habe dazu einmal gesagt:
„Was ist Zeit? Wenn mich niemand darüber fragt, so weiß ich es. Wenn ich es aber jemandem auf seine Frage erklären möchte, so weiß ich es nicht."

Offensichtlich also ist „Zeit" etwas, was sich unserem Verstandeswillen entzieht. Wir können Systeme erfinden, sie in kunstreich ausgeklügelte gleichmäßig mechanisierte Abschnitte aufteilen, einen Gegenstand daraus machen, sie verräumlichen, von „Zeit-Räumen" sprechen, „Zeit-Fenstern", als sei sie eine Kiste, wo wir nur selten ein Guckloch zu neuen Möglichkeiten und müßigem Ausschauhalten öffnen könnten.
Wir können unser Leben in diese Gefangenschaft einpassen, sie messen und einteilen in winzige Partikelchen (worin es die westlichen Zivilisationen weit gebracht haben und im sportlichen Wettkampf eine geradezu absurde Präzision entwickelt), *aber damit wissen wir noch lange nicht, **was** wir da einteilen und wer oder was es ist, der uns zu seinen Gefangenen macht!*
Wir können Zeit zur Ware machen, sie kapitalisieren, Arbeitszeiteinheiten verkaufen für Honorar, und auch darin haben es viele Leute zu hoher Meisterschaft gebracht, genauso wie im „Zeit-sparen". Meist mit dem Ergebnis, dass sie „keine Zeit mehr haben" und erst merken, wenn der vielzitierte „Burn-Out" sie erwischt, dass sie in Wahrheit ihre Seele verkauft haben. Der Dichter Michael Ende hat das schon vor über dreißig Jahren in einem ebenso poetischen wie aufrüttelnden Kinderbuch „Momo" beschrieben, das heute für jeden Erwachsenen wieder- und wie-

derzulesende Pflichtlektüre sein müsste. Aber sie tun es nicht, weil sie selbst zu „grauen Herren" geworden sind und keine Zeit mehr dafür haben – und lieber ihre Seele auf's Spiel setzen, den Verlust ihres Lebenssinns, der Erkenntnis ihrer wahren Menschlichkeit, ihrer Weisheit, ihres Lebens „in Kauf" nehmen.

Umdenken wäre nötig. *„Denn statt dass wir uns der ‚Zeit' bewußt werden* [d. h. ihrer „eigentlichen" Qualität, B. R.], *vergewaltigt uns die ‚Zeit'* [d.h. die messbare Quantität, als die wir sie sehen, B. R.]. *Statt dass wir eine Zeitklarheit erreichen ..., unterliegen wir dem Zeitrausch. Denn es ist der Zeitrausch, das Spiegelbild der Zeitangst, der heute über uns herrscht: Die Massenproduktion der Maschine, der künstlichen Beschleunigung atomarer Abbauprozesse, auf der die Atombombe beruht, die Atemlosigkeit unseres Stadtlebens (Und der Atem ist die Grundlage des irdischen Lebens, was wir anscheinend vergessen haben)",*[73] schreibt Jean Gebser (1905-1973) in seiner monumentalen Studie *„Ursprung und Gegenwart"*, die schon in den 40er und 50er Jahren entstanden ist. Ihre Grundthemen sind die immer wieder notwendigen und zum Teil dramatisch erfolgten Wandlungen in der Evolution des Bewusstseins, welche die Geschichte der Menschheit prägen und – gerufen oder ungerufen – grundlegende Einstellungsänderungen *erzwingen* – wo ihr „Ruf" nicht gehört wird. In einer solchen Zeit der Mutation sieht er (schon vor einem halben Jahrhundert!) die Menschheit stehen.[74]

---

73 Jean Gebser, Ursprung und Gegenwart, entstanden 1947/48 und 1951/2, Münschen 1973/ 1988, S. 421

74 Ich schrieb das am 1. April 2020, kurz nachdem gerade alle Bundesländer gemeinsam beschlossen hatten, die Frist der Kontakteinschränkungen zu verlängern, weil eine bislang völlig unbekannte Erkrankung, welche die Atemwege (!), die Lunge befällt und tödlich enden kann, dabei ist, sich sich über die ganze Welt auszubreiten ... Die „Atemlosigkeit" ist damit zum tödlichen Symptom und zur Bedrohung der ganzen Menschheit geworden – durch ein mutiertes und ständig mutierendes Virus: *Als sähe die Erde, der Kosmos keine andere Möglichkeit mehr, die längst fällige Bewusstseinsmutation in den Köpfen zu erzwingen! Aber wird das erkannt werden?*

Und letztlich ist es ja die uranfängliche, „ewige" Weisheit selbst, die ruft und ruft und *echte* „Fülle des Lebens" (Joh 10,10) schenken möchte, die nicht das unentwegte Greifen und Horten von karriererelevanten „Kompetenzen" und Vorzeigeaktionen „herstellen" kann (und enormen seelischen Druck erzeugt). *Sie* ist es, die uns ausdrücklich zuruft: „*Wer mich findet, der findet das Leben.*" (Spr 8,36) Und gemeint ist damit kein atemloser Zeitrausch, aber auch nicht ein Hamstern von cleverer Vielwisserei und Statussymbolen, erreicht mit verbissener Zurichtung (ohne „Zeitfenster" für anderes) auf zu erreichende Ziele. Gemeint ist ein Leben, gesättigt mit nicht käuflichem Sinn, Freude und Mitgefühl, im individuierten, personalisierten Verbundensein mit *allem* Leben, mit Gott und Welt. Und um das zu *er*-leben, braucht man *Zeit*. *Zeit* als das freie Sein im „Momentum" (von lat. *movere* = bewegen), also dem nicht festhaltbaren Augenlick, in dem alle Vor-Stellungen schweigen müssen, denn sie speisen sich immer nur aus bereits Gewesenem, Bekanntem, Abgelebtem, so wie auch unsere Angst.
Zeit ist uns geschenkt als ein neues, freies Bewusstsein, das über die eingeschliffenen engen Muster hinausgeht. Das auf den Ur-Sprung vertraut, der aus dem „Momentum" *hervorspringt* und in dem unser Bewusstsein vielleicht *um*-springt, offen und bereit für das bisher nicht Gewesene, für den Ruf der Weisheit, für ihre Winke, ihre Zeichen. Und jeder weiß aus Erfahrung: Dazu brauchen wir Zeit, echte „Frei-Zeit", Offenheit, Anwesenheit und Bereitsein der Seele im Augenblick. Nur dann wird sich das weisheitliche Geheimnis des Lebens in uns „zeitigen" – fast vergessenes, altmodisches Wort für die schöpferische und zur Reife bringende Kraft der Zeit. „Zeitigen" als Schöpfungsakt: Woraus wir sehen, welch großes Geheimnis sie ist, ein *Sakrament*, ein Geschenk, das aus persönlichen, einzigartigen, unverwechselbaren Momenten besteht. „*Der gegenwärtige Augenblick muss unsere Wohnung werden*", sagt uns der Mystiker Gerhard Tersteegen.
Doch wer dafür bereit sein will, der muss zuerst einmal bei sich selbst ankommen, muss sich und seine Seele sammeln, darf sie

nicht „zerstreuen" in das, was uns ständig an „Unterhaltung" angeboten wird, um unsere Zeit (in Wahrheit unsere Seelennot) „totzuschlagen.
Nicht nur Jean Gebser hat auf den unmittelbaren Zusammenhang von Zeit und Seele hingewiesen.
Und es täte gut, sich bisweilen bewusst zu machen, dass etymologisch betrachtet *Hast, Hetze* und *Hass* wortverwandt sind! Psychologisch gesehen erzeugt das Gefühl, ständig in Konsum- und Statusterror, Hast und Hetze zu sein, in uns eine permanente unterschwellige Wut, die sich bis zum frei flottierenden Hass auf alles und jedes steigern kann, und sich auch in Verantwortlosigkeit und Achtlosigkeit sich selber, den Mitmenschen und allen Mitwesen gegenüber äußert: In der Seelenlosigkeit unserer Architektur, unserer übersteigerten Vergnügungssucht, in der maschinellen Gewalttätigkeit in der Landwirtschaft: Wenn Rastlosigkeit, Ungeduld, Getriebenheit und Gier unsere Seelen und Herzen verengen, kann die Weisheit dort ebenso wenig Halt und Wohnung finden wie wir uns noch auf der Erde und im Leben verwurzeln und beheimatet fühlen können, in verantwortlicher Gemeinschaft mit allem Mitlebenden.

Raimon Panikkar erzählt in seinem Buch „Der Weisheit eine Wohnung bereiten" eine islamische Legende, die uns wachrütteln könnte und die ich nacherzählen möchte::

„Als Allah die traurige Situation der Menschen sah und bemerkte, wie sie mit der Erde umgehen, entschied er sich, seinen Erzengel Gabriel noch einmal zur Erde zu schicken. Denn er dachte bei sich: Der Koran[75] ist zu schwierig und zu lang, Gabriel soll das Wesentliche noch einmal ganz einfach sagen: Das wird die ökologische Katastrophe wenden, die Gläubigen einfacher machen ... Da ging der Engel los um jene einfache und schlichte Weisheit, die von Anfang an war, die Weisheit von der Schönheit und der Verbundenheit aller Wesen zu verkünden. Er reiste

---

75   Nach islamischer Tradition war es der Erzengel Gabriel, der Mohammed den Text des Koran Wort für Wort eingab.

überall herum, benutzte alle Hilfsmittel der Himmlischen Heerscha-
ren, und nach langer, langer Zeit kam er zurück. Seine Flügel waren
schmutzig, und er war völlig erschöpft.
Allah fragte ihn, wie es ihm ergangen sei, ob er das Weisheitswort nicht
überbracht habe.
‚Doch, gewiss habe ich das‘, antwortete der Erzengel.
‚Aber die Menschen hatten keine Zeit, zuzuhören!‘"[76]

„Keine Zeit zuzuhören...". Das ist es.
Kaum einer bastelt mehr während eines langen Abendgesprächs
im Kloster gedankenverloren Weisheitsfigürchen aus gold- und
silbernem Bierflaschenstanniol wie das, welches vor mir steht.
Der Ruf der Weisheit wird nicht gehört, weil jagende Rhythmen, Ruhelosigkeit, ja Atemlosigkeit das Leben beherrschen und
Druck ausüben, weil wir immer weniger fähig sind, zu verweilen, der „langen Weile" Raum zu geben, damit dort wieder ein-
ziehen kann, was wir vergessen haben. In jedem von uns ist ja
im Kern das Wissen um das unsichtbare Wesentliche vorhanden,
aber wir erinnern uns nicht daran – weil wir „keine Zeit dafür
haben".
Weil wir gefangen sind in Urteilen darüber, was „nützlich" ist,
uns selber „nützlich" macht. Wir dürfen keine Zeit mehr „ver-
schwenden", gar „*vertun (!)*" für etwas, was nach gängigen Zeit-
konzepten „nichts bringt" und uns folglich uns selbst nutzlos
fühlen lässt, wenn wir nicht das tun, was anerkannt nutzbrin-
gend ist. Selbst Urlaubsreisen sind durchgetaktet, müssen uns
„was gebracht" haben, vorzeigbare Sonnenbräune und demons-
trativen Frohsinn etwa, und auch in unserer „Freizeit" müssen
wir jede Minute nützen, um unsere Gesundheit effektiv zu trai-
nieren, möglichst aparte Erlebnisse zu hamstern oder in geführ-
ten Schweigemeditationen oder beim Fastenpilgern Leib und
Seele „optimal" ausbalancieren – um wieder zu funktionieren.

---

76   Nach Raimon Panikkar, Der Weisheit eine Wohnung bereiten, München
     1990, S. 34. (Gemäß islamischer Tradition war es der Erzengel Gabriel,
     von dem Mohammed den Koran, die Heilige Schrift empfangen hatte.)

Was wir „Zeit" nennen ist zu einer Verbrauchsgröße verkommen, die nach Effizienzkategorien beurteilt wird – oder zum Luxusgut, an dem ablesbar ist, wieviel materielles Vermögen jemand im Hintergrund hat.

„Müßiggang ist aller Laster Anfang", sagt ein altes (sicherlich im Protestantismus, vielleicht aber schon in stoischer Tradition entstandenes) Sprichwort, und selbst als „rüstiger" Rentner ist man im Verdacht, nicht das Optimale gegen Altersverfall zu tun, wenn man nicht zügig und sportlich im passenden Outfit mit Trekkingstöcken durch den Wald stakt, Garten und Gehweg vorm Haus blank putzt, als würde man sich sonst die Fußsohlen infizieren, das Hirn trainiert, Ehrenämter oder unermüdlich Großelterndienste tut. Das alles erzeugt Stress und Zeit- und seelischen Druck, wie eigentlich längst bekannt.[77]

Manche meiner Bemerkungen mag manchem allzu karikaturistisch erscheinen, aber wie bei aller guten Karikatur ist nur minimale Überzeichnung nötig, um sie plastisch werden zu lassen, und ich habe mir unanständig viel Zeit dafür gelassen, während ich hier am meinem Fenster sitze, in den stillen Garten schaue mit der vor lauter optimalem Zeitmanagement brüllend lauten Stadt im Hintergrund, die auch in Zeiten restriktiver Corona-Krise kein bisschen leiser geworden ist: Wenn auch Zeitungs- und Fernsehbilder „tote" Innenstädte zeigen: Man *nutzt* die Zeit, mit doppelter Anstrengung Straßen- und Bahnprojekte voranzutreiben, die Verkehrsdichte der Zubringerstraßen nimmt kaum ab, weil die Menschen bei ausgedünntem Nahverkehr mehr denn je aufs Auto angewiesen sind, in denen die Musikverstärker zur Übertönung der Ängste auf doppelte Lautstärke hochgefahren sind.

Ich wiederum tue, was ich immer tue: Ich „vertue" Zeit mit Nachsinnen über etwas, was anderen sinnlos erscheint, etwa, dass auch *Zeit* ein *Sakrament* ist, das wir viel stärker als solches erkennen müssten.

---

77   Vgl Alain Ehrenberg, Das erschöpfte Selbst , Frankfurt 1998/2015

Es ist ein „vertun", das ich für mich als seelenstärkend erkannt habe. Ich lausche dabei auf Wahrnehmungen und „Momente", denen ich Zeit lasse, sich zu zeigen und zu „zeitigen". Vielleicht eine Vision des Erzengels Gabriel, der mich auffordert, ihm zu-zuhören. Ihm, der den Menschen sagen will, was sie (wie der Fuchs im „Kleinen Prinz" weiß) ihrem unsichtbaren Wesentli-chen nach sind, wenn man *mit dem Herzen sieht*", was zugleich ein Lauschen ohne Zeitdruck und Nutzdenken ist. Das Lauschen auf etwas, was lange schon da ist, aber im Herzen nicht *bewahrt* wurde.

Aus unserer christlichen Tradition kennen wir den Erzengel Ga-briel als denjenigen, der Maria einst gesandt wurde, um ihr zu verkünden, dass das Weisheitsgeheimnis von der wesenhaften Gottespräsenz in jedem Menschen in sich trage und berufen sei, es „zur Welt zu bringen". Maria hört zu. Sie hört die für sie per-sönlich überwältigende Botschaft, Ruf und Stimme der Weisheit durch den Mund des Engels, kann ihr zuerst nicht glauben, wi-derspricht – und nimmt sie schließlich doch in sich auf mit den Worten: „Mir geschehe, wie du gesagt hast." (Luk 1, 38). Nimmt die ihr (und unser) Leben völlig veränderte göttliche Weisheits-Wesenheit in sich auf und *bewahrt* sie in ihrem Herzen – so wie sie auch in Zukunft alle entscheidenden Geschehnisse darin *be-wahren* wird.

Dieses Bewahren, Wahr-Nehmen hat eine zentrierende, verwan-delnde, sakramentale Wirkung, aus der sie die Kraft bezieht, al-les, was die Zeit bringen wird, als sinnerfüllt und „stimmig" zu erfahren und auszuhalten. Die folgende Zeit erlebt sie als Rei-feprozess inneren *Friedens*, der „höher ist als alle Vernunft", an dem wir alle teilhaben könnten und mit dem auch Paulus seinen Brief an die Philipper beendet: „Der Friede Gottes, welcher höher ist als alle Vernunft, bewahre eure Herzen und Sinne" (Phil 4,7). Diese wunderbaren Worte werden noch 2000 Jahre später als Schlussegen der Gottesdienste über die Gemeinde gesprochen: Sie gelten noch immer, Verheißung sinnerfüllter zeitloser Zeit, *„höher als alle Vernunft,"* höher als alles, was wir „be-greifen" und machen und erzwingen wollen, in unseren gewaltsamen Griff bekommen.

Sie in sich zu bewahren, solches Geschehenlassen von dem, was durch den Lauf der Zeit aufblühen will, würde bedeuten, Zeit als *Sakrament* zu erfahren. Als ein Geheimnis, welches seine eigene Schönheit „zeitigt". Und um sie *werden* zu *lassen, „müssen wir von der Knospe lernen, wie sie die Blüte aus sich hervorbringt, ohne Mühe, ohne Gewalt, im richtigen Rhythmus zur passenden Zeit"*, schreibt Raimon Panikkar in seinem Buch über die Weisheit.

Sakramentale Zeiterfahrung übersteigt unser Alltagsverständnis von Zeit. Sie macht unseren Alltag durchsichtig für eine Wirklichkeit, die jenseits seiner Grenzen liegt und eine andere, wesentliche und „ewige" Sphäre spürbar macht, ein Jenseits im Diesseits. Doch dafür braucht man Zeit. Geduld. Warten können, beobachten, was wird. Kein gewaltsamer Zugriff, kein Machenwollen, Manipulieren, durch voreiliges Urteilen Einpassen in unsere schablonierten Vor-Urteile. Sonst bleibe ich ihr Gefangener und erfahre, erkenne nichts Neues, das mich beschenkt.
Statt dessen mit den Augen des Herzens schauen, passiv sein, mich berühren lassen, werden lassen, warten, bis das Beobachtete mich „besucht" (wie Leonardo Boffs Gebirgszug), bis es von sich aus zu mir spricht, mich seinem Rhythmus überlassen, nicht ihn verletzen. Lateinisch ist dieses wartende Beobachten *observatio*, darin steckt wiederum *servare:* bewahren. Bewahren einerseits vor unserer Ungeduld, andererseits wirkliches „wahr nehmen", es in seiner Eigenheit und Einzigkeit auf uns und in uns wirken lassen. Nur dann wird mir „etwas aufgehen". Nur dann kann ich neues erfahren:

„Die Erfahrung erfordert lange Vorbereitung, die Beobachtung ein einfühlendes Sich-Anschmiegen an die Rhythmen der Natur",

schreibt Raimon Panikkar.[78] Alles hat seine Zeit.

---

78   Panikkar, Weisheit, S. 60

Sakramentale Zeit ist nichts künstlich Gemachtes. Sie wohnt, wie alle Weisheit, in organischer Entfaltung, in der Muße – die „Zauberperle", kann nur durch *Absichtslosigkeit* gefunden werden, wusste schon der chinesische Weisheitslehrer Dschuang-Tse (um 500). *Absichtsloses* Wandern, Aufgeben aller Hast und Gier, in kurzer Zeit viel zu erjagen. Absichtslosigkeit und zugleich höchste Aufmerksamkeit – das ist der Schlüssel zur Heiligung der Zeit. Und zu unserer Fähigkeit, das Wissen darum zu bewahren, wie wir den Dingen und Ereignissen zu ihrer Individuation verhelfen können, zur Offenbarung ihres einzigartigen Wesens.

Orte: Überall ist heiliger Boden

Nicht nur in meiner Stadt und im näheren und weiteren Umland sind Ortsvernichter am Werk. Es scheint geradezu ein Zeichen der Zeit zu sein, dass das Gespür für das besondere Wesen einer jeden örtlichen Gegebenheit abhanden gekommen ist: Überall werden altehrwürdige um die Jahrhundertwende im „Landhausstil" gebaute Häuser mit schönem Fachwerk, kunstvoll geschweiften Dächern, charmanten Erkern abgerissen, die würdevollen Gärten gerodet, die alten Bäume, Hecken, Lauben gnadenlos zersägt, zerschreddert, die Grundstücke selber ohne jede Rücksicht auf Topographie bis zum Rand für riesige Tiefgaragen ausgeschachtet, und schnell aufgestellte Bauschilder zeigen überall gleich eintönige mehrstöckige Kistenarchitekturen mit großen Glasflächenfenstern, deklariert als „Luxusetagenwohnungen", wobei das einzig wirklich „Luxuriöse" in der Quadratmeterzahl zu bestehen scheint, denn dem Charakter nach (falls man von einem solchen überhaupt sprechen kann) sind die Grundrisse von öder und computermäßiger Gleichförmigkeit. Kein Baurechtsamt scheint etwas dagegen zu haben, selbst nicht wo rechtlich Schutz besteht, wie wir in allerjüngster Zeit direkt neben unserem in jahrzehntelanger sorgsam dem Gelände und der Natur angepassten, behutsam gestalteten kleinen Anwesen erlebt haben: Trotz geltenden Bestandschutzes für das alte Forsthaus nebenan und trotz ökologischen Gutachtens und Interventionen bei den Behörden unsererseits geschah das Unfassbare: Bäume und Büsche mit Stumpf und Stiel maschinell ausgerissen, der Erdboden metertief in tagelanger Baggerarbeit aufgerissen, um ein Erdwärmeheizung zu installieren, das Gelände gegen jedes zulässige Maß verändert um eine monotone automatisch rasierbare Rasenfläche zu schaffen. Und der ursprüngliche Holzbau wurde durch ein weißgetünchtes Klotzagglomerat mit Dachterrasse (vormals war da ein Walmdach, in dem Fledermäuse hausen konnten, jetzt eine Saunakiste) ersetzt. Jede Identität war dem vormals verträumten Anwesen genommen. Zwar war mir schon bei den ersten (durchaus um gegenseitiges Verständnis bemühten) Begegnungen klar, dass hier nicht nur zwei grundverschiedene Generationsbiographien sondern auch völlig auseinanderklaffende Wert- und Lebenshaltungen aufeinanderprallen würden, aber wir hofften doch noch, ein Gefühl wecken zu können für die besondere Eigenart dieses Ortes: Gewachsenes, außerhalb des geschlossenen Baugebiets, am Wald, von Natur und Gärten umgeben.

Vergeblich, denn der von stereotypen Vorbildern geprägten Umgestaltungswillen der Nachbarn wird mitgetragen durch einen überall wie aus dem 19. Jh auferstandenen gewalttätigen Trend, alles Machbare *„contra naturam"* (gegen die Natur) durchzuboxen: Bedenkenlos gegenüber Natur und „Umwelt", bedenkenlos in der Wahl der Materialien und ihrer Herkunft, bedenkenlos im Herschaffen von ausgebeuteten Niedriglöhnern, und ohne jedes Bewusstsein für den „Geist eines Orts", den *Genius loci*, der unseren Vorfahren doch noch unscharf im Hintergrund präsent war – und den „Öko-Freaks" meiner Generation noch (oder wieder) etwas bedeutete.

Wird es ungebremst so weitergehen?

Vielleicht doch nicht ganz: Immerhin gibt es inzwischen eine klimabewusste Bewegung junger Leute, die ihre Ideale auch privat versuchen, so gut wie möglich „ökologisch" zu leben, auf die verschiedensten Weisen. Und schon vor etwa 15 Jahren lernte ich auf einer Tagung einen jungen Philosophen kennen, der seine Dissertation, ein zweibändiges Werk, über den „Geist eines Ortes" geschrieben hatte und mit dem ich über einen längeren Zeitraum immer wieder im Austausch war. Jetzt habe ich mir dieses gründliche Opus wieder vorgenommen, las über antike Kultorte, das Verhältnis des Menschen zu besonderen Landschaften überhaupt und ihren über lange Zeiträume unverändert achtsamen Umgang damit – immer vorausgesetzt, er hat sich eine gewisse *sakramentale* Beziehung zur Mitwelt bewahrt.

Im besten Fall könnte es dann durchaus auch so geschehen:

„Der Mensch ordnet sich dem Ort, den er schon in seiner gewachsenen und natürlich oder schicksalhaft-geschichtlich gewordenen sozusagen bodenständigen Struktur antrifft, unter. Wenn es auch zu gestalterischen Eingriffen, baulichen Veränderungen und sonstigen menschlichen Manipulationen kommt, so bleiben diese vergleichsweise dezent. Sie ordnen sich im Prinzip dem Vorgefundenen, dem mit dem Ort Verschmolzenen, dem ortsgebunden Gewordenen ein ... Dem Ort wird ehrfürchtig und respektvoll begegnet. Er gehört den dortigen Ortsgeistern. Die vor Ort befindlichen Dinge, Pflanzen, Lebewesen sind nicht Eigentum der Menschen. Der Mensch hat keine [totale] Verfügungsgewalt über diesen Ort."[79]

Keine Resonanz mehr dafür möglich?

Nicht nur in den Städten sieht es ja danach aus. Auch wer über Land fährt, in der Hoffnung, in der Umgebung noch Gespür für den Charme der Landschaft und ihrer Gewachsenheit rund um Kleinstädte oder Dörfer zu finden, sieht sich konfrontiert: Nicht nur treffen einen schon bei der Annäherung im Umfeld lieblos hingeworfene Industriegebiete wie Nackenschläge, auch ortsnäher sind längst „neue Wohngebiete erschlossen" worden mit Serien von gleichförmigen Fertighäuslein, mit Gartengrundstücken, die eher an Grabpflege erinnern als an Gärten, die zum Entdecken und Verweilen einladen. Und die vormals vielleicht noch halbwegs intakten Dorfkerne mit Gasthaus und kleinen Läden sind entweder von ohrenbetäubenden Schwerlastverkehrsstraßen durchzogen oder „dörflich verschönt" mit brav gepflasterten, verkehrsberuhigten Plätzen, Fachwerk, das niemals sichtbar gedacht war: Kunstorte an denen man im Bäckereikettenladen „Coffee to go", geschmacklose Brötchen und süße Teilchen erwerben kann, während der rasende Verkehr einen halben Kilometer weiter auf mehrspurigen Schnellstraßen die Landschaft durchschneidet, mit etwas Glück hinter künstlichen Lärmschutzwällen oder hässlichen Lärmwänden.

---

79   Robert Josef Kosljanič, Der Geist eines Orts, München 2004, S. 122/123

Wer also davon träumt, „auf's Land" fahren zu können um irgendwo „eigen-artige" Dörfer und intakte „Landschaft" zu finden, wird rasch einer anderen Realität belehrt:

Überall Überformung, bestenfalls postkartenidyllisch inszeniert: Was ist aus dem aus Kindheitstagen erinnerten, schwer erreichbaren verwunschenen See geworden, dem einst stillen und wilden Waldpfad, einer weiten, duftende Wiesenlandschaft?

Inzwischen alles „freizeittauglich" organisiert: Auf großen geschotterten „Wanderparkplätzen" steht Auto an Auto, gewundene Waldpfade sind begradigt, verbreitert und ausgeschildert als „Waldlehrpfad", gesäumt von Holztafeln, auf denen zu lesen ist, welche Blümlein dort wachsen, Vögel dort nisten (die natürlich geflohen sind). Um den See eilen Heerscharen von Gesundheitsaktivisten in „Funktionskleidung" mit Walking-Stecken und Smartphoneknöpfen im Ohr an einem vorüber um sich zu ertüchtigen, und die einstige blühende Wiesenlandschaft wird dank modernem landwirtschaftlichen Kriegsgerät unablässig gemäht und zu Silofutter verarbeitet: Vielleicht hat am Rande noch eine widerständige Wegwarte überlebt ...

Nein, ich übertreibe nicht, alles ist selbst erlebt.

Wobei ich nicht ausschließen will, dass es durchaus noch Gegenden geben kann, die „sich selbst geblieben" und nicht völlig „touristisch erschlossen" und übervölkert sind, aber um dorthin zu gelangen, muss man Mühen auf sich nehmen, die nicht immer das dort gefundene Glück noch aufwiegen.

Eine krasses Erlebnis hierzu:

Es ist schon über zehn Jahre her, dass ich mit meinem Mann, mit schwerem Rucksack für eine mehrtägige Tour auf einem mir als still, einsam und beglückend bekannten felsigen Bergpfad selbstvergessen aufstieg, als ich plötzlich hinter mir ein sonderbares Keuchen und Hecheln hörte. Vor zwei Minuten war es noch still gewesen und kein Mensch weit und breit zu sehen: Jetzt sah ich plötzlich mit Entsetzen hinter mir zwei Mountainbike-bewehrte Marsmenschen mit geschultertem Rad: Gerade diesen, schwer

begehbaren Weg hatten sie als Beweis für ihre enorme Leistungs-
fähigkeit ausgesucht und ächzten jetzt schwitzend und kaum
grüßend an uns vorüber ...
Es war nicht zu fassen: War auch diese stille Bergregion mit ihrem eigenen *Genius loci,* ihrer Majestät, ja Sakramentalität, ihrem
Reichtum an Schönheiten, Reichtum an seltenen Orchideen-
arten, die jede einzeln Entzücken hervorrief, für diese Gewalt-
menschen nur noch eine Exerzierplatz zum Austesten des gerade
noch Möglichen inklusive einer totalen Verzweckung ihres Körpers?
Zum Glück trafen wir sie abends in der Hütte nicht wieder. Aber
seither ist mir auch die Lust aufs Gebirgswandern vergangen.

All solche Menschen und Machenschaften nenne ich „Ortsvernichter", denn sie zerstören etwas. Nicht nur ihre eigenen Seelen
und deren Empfindsamkeit, sondern etwas, das mir heilig ist:
Ortsidentitäten, deren Seelen man pflegen und hüten sollte in
ihrer Eigenart, nicht nivellieren. Aber die wenigsten merken das
noch.
Beklemmenderweise meinen mancherorts selbsternannte „Na-
turfreunde" gar noch, etwas Gutes zu tun, indem sie die Natur
möblieren und ausschildern als „Walderlebnispfade", botani-
sche Freiluftlehranstalt, Pilgerwege mit „spiritueller" oder phi-
losophischer Garnierung durch Tafeln mit Besinnungssprüchen,
biblischen, philosophisch zitierten, selbst erfundenen ...

Warum kann man Orte nicht einfach „sie selbst sein lassen"? Warum muss man sie überall mit Vorstellungs-Schablonen überfor-
men?
Sie zu irgend einem (vermeintlichen) „Nutzen" *gebrauchen?*
Ist nicht *überall* heiliger, gottgeschaffener Boden, heiliger Ort?

Es ist etwas verloren gegangen, und das ist das aufmerksame
Hinschauen, Hinhören auf die *Anwesenheit* des Göttlichen in
allem. Vermutlich zuallererst seiner *Anwesenheit* im Menschen

selbst. Der Einzelne selbst fühlt sich nicht mehr als *Ort* Gottes, als *Wohnstatt* des Ewigen, Überzeitlichen, dem er jederzeit „Wohnung bereiten" soll, Tempel, Haus, geheiligten Ort, spürt nicht den „Ruf der Weisheit":

„Die Weisheit baut: Ich werde ihr Palast; wann sie in mir und ich gefunden rast", dichtete Angelus Silesius, der „Cherubinische Wandersmann" (1, 186), und unsere Aufmerksamkeit muss hier dem „Rasten" gelten. *Rasten* als ein Innehalten, still werden, sein Wesen im Wesenskern als dem Ort des „Eigentlichen" versammeln. Nur so kann man auch selber wieder „Ort" werden – und ein Gespür für äußere Orte entwickeln.

Vor allem aber – und das ist heute wichtiger denn je – die Kraft gewinnen, die entgötterten Orte wieder mit geistiger Kraft „aufzuladen", indem man an ihnen und mit ihnen „Zeit vertut" (L. Boff), sich ihnen bewusst widmet.

Zwar pilgern auch heute noch Menschen zu „Kraftorten", von denen sie sich angezogen fühlen. Gerade darum sind ja auch manche inzwischen überlaufen und durch Geschäftemacher profaniert worden. Aber in stillen Stunden spürt man dort doch noch etwas Elementares, Sakramentales. Vorausgesetzt man ist aufnahmebereit dafür – und zieht seine Schuhe aus, wie einst eine große Mythengestalt der Bibel ...

Die Geschichte erzählt von Mose, der in der Nähe des (heiligen) Berges Horeb sein Schafe weidet.
Plötzlich sieht er dort einen brennenden Dornbusch, der aber im Feuer gar nicht verbrennt. Die seltsame Erscheinung zieht ihn an:

„Mosche sprach: ich will doch hintreten und ansehn dieses große Gesicht – warum der Dornbusch nicht verbrennt", übersetzt Martin Buber. *„Als ER aber sah, dass er hintrat um anzusehn, rief Gott ihn mitten aus dem Dornbusch an, ER sprach: Mosche! Mosche!*
Er sprach: Da bin ich.

*ER aber sprach: Nahe nicht herzu, streife deine Schuhe von deinen Fü-
ßen, denn der Boden, auf dem du stehst, Boden der Heiligung ist's."* (2.
Mos 3,5)[80]

In der lutherischen Übersetzung, mit der ich aufgewachsen bin,
lautet die Anrede Gottes: *„Tritt nicht herzu, zieh deine Schuhe von
deinen Füßen; denn der Ort, auf dem du stehst, ist heiliges Land!"*

Die Aufforderung, die Schuhe auszuziehen, finden wir in beiden
Versionen.
Aber da ist ein kleiner, feiner Unterschied in den letzten Worten:
Bei Luther *„ist heiliges Land"*, bei Buber: *„Boden der Heiligung
ist's!"*

Der Unterschied?
Bei Luther entsteht der Eindruck eines von jeher definierten heiligen Bezirks, der nicht mit Schuhen betreten werden darf. Ein
Brauch, der beispielsweise noch heute in jeder Moschee unum-
gänglich ist: Jegliches Schuhwerk muss im Vorraum abgestellt
werden, der Innenraum ist als solcher schon vorab geheiligt, der
Vorgang der „Heiligung" bereits abgeschlossen.
Wenn Buber dagegen von *„Boden der Heiligung"* spricht, bleibt
etwas offen: Es *könnte* so gemeint sein wie bei Luther, ein Ort der
irgendwann eine bleibende „Heiligung" erfahren hat, es könnte
aber auch darauf hinweisen, dass diese Heiligung in einem noch
fortdauernden Prozess geschieht: Der Ort, an dem „das Gesicht"
erscheint, muss jetzt und hier und *immer wieder neu geheiligt, sa-
kramentalisiert werden* durch das entsprechende Bewusstsein der
Gottnähe.
Diese wiederum zeigt sich einerseits im wundersamerweise
nicht verbrennenden Dornbusch – Heiliger Geist, der einen aber
erst in seine ganze Numinosität hineinnimmt, wenn man *„die
Schuhe auszieht"*. Erst der nackte, sozusagen „unbewehrte" Fuß

---

80   Martin Buber/Franz Rosenzweig, Die Bücher der Verkündigung, Neu-
     ausgabe Gerlingen 1997, S. 157

kann die Heiligkeit erspüren, der auch die Erde durchwaltet, in diesem Augenblick.

Auch sind die Schuhe ein *Symbol* dafür, dass wir uns Hilfsmittel geschaffen haben, mit denen wir *vermeiden* können, in nahe Berührung zu kommen mit Geist und Erde, und so nicht mehr wahrnehmen, dass wir alle Geschöpfe aus demselben Stoff sind wie alles andere: aus Erde als göttlicher Substanz. Indem wir „die Schuhe ausziehen", erweisen wir dann nicht nur Gott, sondern seiner ganzen Schöpfung Reverenz. Wir bezeugen unsere Ehrfurcht und bewahren, behüten, verehren ihre Einmaligkeit und unsere Vereinigung damit, in diesem Moment, an diesem Ort: *„Homo debet colere terram si vult colere Deum..."*

Und noch eine dritte Komponente liegt nahe: Mit den „Schuhen" könnte nicht nur ein *äußerlicher* Schutz zur Vermeidung von Verletzung und Schmerz gemeint sein, sondern auch all die *innerlichen* Vorkehrungen, die wir durch bestimmte Meinungen, Urteile und Vorurteile getroffen haben, um eine direkte Erfahrung von Nähe mit der „Stätte"[81], der Situation, in die wir jetzt und hier gestellt sind, und wo mehr Einfühlung auch schmerzhaft sein könnte, zu vermeiden. Erst wenn wir den „Schutzpanzer" ablegen, kommen wir wirklich in Berührung mit der sakramentalen Bedeutung dieser besonderen Situation, tragen wir zum Erkennen ihrer Aufforderung nach Wertschätzung ihrer Einmaligkeit, ihres „Rufs" bei.

Den Jesuiten Christian Herwartz (geb. 1943) hat das dazu geführt, mitten im großstädtischen „sozialen Brennpunkt" Menschen mit einer Form von Exerzitien bekannt zu machen, wo sie nicht irgendwo am geschützten Ort meditierend „Heiligung" für sich selber suchen, sondern hinaus gehen auf die Straße, zu Obdachlosen und Verwahrlosten, mit ihnen leben und reden an ihren Orten und sowohl Menschen als auch Orte dadurch in ih-

---

81   Übersetzung in der Züricher Bibel

rer Individualität wahrnehmen und „heiligen": das Gestrüpp, in dem sie schlafen ist ihr „brennender Dornbusch", und alles ist ihnen „das Gesicht" Gottes (oder Christi).[82] Und genau dadurch, dass sie eben *nicht* bereits im vorhinein geheiligte Räume wie etwa schöngestaltete, saubere Kirchen aufsuchen, sondern im Gegenteil vermüllte Rückzugsecken oder Gestrüppe, an denen die „Randexistenzen" gezwungen sind sich zu verbergen, lernen sie, diese Orte zu „heiligen" durch ihre Aufmerksamkeit für Lebensraum und Lebensweise dieser „Outlaws", die sich auf diese Weise als wahre, wichtige Menschen gewürdigt fühlen können, vom Geist des Dornbuschs umleuchtet, welcher der immer neu zu erringenden Entwicklung eines wirklich „neuen Bewusstseins" voranleuchtet ...

Kein bequemer, sondern ein andauernder, aktiver Prozess, unser Bewusstsein dafür wach zu halten, dass es im Leben nicht darum geht, sich gewappnet (Schuhe) privilegierte Orte zu sichern, sondern an der „Heiligung" eines *jeden* Ortes *selber mitzuwirken!* Nichts in der Welt ist zu armselig, um uns aufzufordern, ihn mit ganzer Seele aufzuladen mit der Poesie der Heiligung, kein Ort, kein Alltagserlebnis.

Wobei mir wieder Rainer Maria Rilke einfällt, der einst in seinen berühmten „Briefen an einen jungen Dichter" diesem schrieb (als der über die Monotonie seines Berufs klagte):

„Wenn Ihnen Ihr Alltag arm erscheint, klagen Sie ihn nicht an, klagen Sie sich an, dass sie nicht Dichter genug sind, seine Reichtümer zu rufen, denn für den Schaffenden gibt es keinen armen, gleichgültigen Ort."[83]

„Gígneste dè poietai lógou – werdet zu Poeten, Dichtern des (lebendigen) Worts", heißt es im biblischen Jakobusbrief (1,22) – und

---

82   Christian Herwartz, Auf nackten Sohlen, Exerzitien auf der Straße, Würzburg 2006

83   Rainer Maria Rilke, Briefe an einen jungen Dichter, Insel Verlag Leipzig, S. 11

„Wort" ist alles, was in der Welt inkarniert ist und von uns neu gesehen, entdeckt, gedichtet und damit geheiligt werden will!

Das Mitleben unter Brücken ist dabei sicherlich eine extreme Form, „zu Mitdichtern" zu werden, zu der wir nicht alle aufgefordert sind. Aber dort, wo wir sind, das Beste zu tun um das Vorhandene zu pflegen und Verantwortung zu übernehmen dafür, dass es sein Geheimnis entfalten kann, dazu gewiss.

Letztlich aber muss auch eine versöhnliche Brücke geschlagen werden zum Elend derer, das ich zu Anfang geschildert habe – denn *geistig-seelisch* leben auch die „Ortsvernichter" im Elend, in einem *„menschlichen Notstand"* (Panikkar), einer geheimnislosen seelischen Öde und Leere ohne jede poetische Tiefe", die sie nicht kaufen können. Aber sie *sehen* es nicht!
Sie begreifen auch nicht, dass ihr fehlender Respekt und Einfühlung für das Angemessene, ihr mangelnder Sinn für elementare Zusammenhänge auch letztlich zu Elend und Not der Straßenexistenzen führt, um die sich Christian Herwartz bemüht. Auch das bemerken sie nicht. Und noch weniger die Ausbeutung der Armen in der ganzen Welt. Der Ruf der Weisheit in eine Umkehr des Bewusstseins trifft nicht erst seit heute auf taube Ohren. Bei aller Empörung müssen wir das zur Kenntnis nehmen, ohne zu verurteilen – und das ist schwer. Statt dessen müssen wir auch da „die Schuhe ausziehen" – und so gut es uns möglich ist, an den physischen und psychischen Orten, die in unsere Obhut gegeben sind, unsere Haltung bewahren, wo möglich eine „Gegenwelt" aufbauen, die von einem Bewusstsein der gegenseitigen Verbundenheit gespeist ist. Verstehen lernen muss der Anfang sein.
Und unser persönliches Bemühen nicht aufgeben, *einfach zu werden*, wie die „Arbeiterpriesterin" und Mystikerin Madeleine Delbrêl (1904-1964), die unbeirrbar versucht hat, die Orte der Armut und die dort lebenden Menschen zu „heiligen".

Irgendwo habe ich ein „Gebet" – eher ein Anweisung zum „Schuhe Ausziehen" von ihr gefunden:

„Geht in den Tag hinaus ohne vorgefasste Ideen, ohne die Erwartung von Müdigkeit, ohne Plan von Gott, ohne Bescheidwissen über ihn, ohne Enthusiasmus, ohne Bibliothek.
Geht so auf die Begegnung mit ihm zu. Brecht auf ohne Landkarte.
Und wisst, dass Gott unterwegs zu finden ist und nicht erst am Ziel.
Versucht nicht, ihn nach Originalrezepten zu finden, sondern lasst euch von ihm finden in der Armut eines banalen Lebens."

„Lass sie mich leiten in meinen Werken" (Weish 9,11)

Die „Armut des banalen Lebens", von der Madeleine Delbrêl spricht, hat oft erstaunliche Überraschungen für uns bereit, wenn wir es tatsächlich wagen, „unbeschuht", d.h. „ohne vorgefasste Ideen" in den Tag zu gehen.
Wir können uns darauf verlassen, dass der Ruf der Weisheit uns in irgendeiner Weise leitet – wenn wir nur aufmerksam genug sind auf die Zeichen, Winke, Zu-Fälle, die sie uns schickt. Dass sie zuverlässig sorgt für die *„Individuation eines jeden Augenblicks im Leben, einer jeden Handlung, einer jeden Beziehung und aller Dinge"*, wie sich das James Hillman ersehnt.[84]
Uns darauf zu verlassen, wäre das Kennzeichen eines neuen Bewusstseins.
In Raimon Panikkars Sutren, den Lebensregeln, die er sich vorgenommen hat und von denen ich die ersten vier schon zitiert habe, klingt das als fünfte Sutra so:

„Nicht auf die Folgen achten: Dafür muss man ein reines Herz haben, denn sonst hat man Angst. Niemand kann alle Folgen vorausberechnen, nicht einmal ein Computer, und wenn ich dem Computer mein Vertrauen schenke, bin ich sowieso nicht mehr frei."[85]

Wir schrecken vielleicht zurück bei der Formulierung *„ein reines Herz haben"* – aber sie bedeutet genau dasselbe, wie *„die Schuhe ausziehen"*: unbeschuht, ohne Rüstung und Waffen, ohne feste Vorsätze und willensmäßig angespannte Zielrichtung, weshalb Panikkars beide letzten Sutren auch sagen:

„Gewaltlos sein: Nicht den Willen anspannen, nichts überwinden wollen, denn sonst verdrängt man nur ständig."
Und: *„Immer neu beginnen!"*[86]

---

84   Hillman/Ventura, S. 65/66
85   Panikkar, Der Weisheit eine Wohnung bereiten, S. 192
86   ebd

Als ich mich heute morgen nach einem langen, schweifenden Gartenbummel endlich zum Schreiben niedersetzte, hatte ich noch keinerlei Vorstellung, wie ich dieses Kapitel beginnen sollte. Allein meiner Intuition folgend hatte ich Blühendes, Grünendes zusammengeholt, Efeu mit und ohne dunkelreife Beeren, den ersten Flieder, Spiräenranken, hellgrün austreibende bizarre Zweiglein der üppigen Korallenbeersträucher, und sie dann gedankenverloren zu frischen Sträußen zusammengestellt, absichtslos, so, wie es gerade kam, mehr beobachtend, mich leiten lassend als gezielt gestaltend – und immer stelle ich fest, dass so die schönsten Kompositionen ganz von selbst entstehen.

Und noch eingetaucht in diese Stimmung, setzte ich mich an den Schreibtisch, und es fanden sich die Worte und Zitate zusammen, in denen ich tatsächlich den „Leit-Faden" finde, der dieses Kapitel durchziehen soll: Dass sich Augenblicke, Handlungen, Dinge (fast) von selbst „individuieren", wenn wir uns einer kaum merklichen inneren Leitung überlassen, die in alles, was wir unter ihrem „Ein-Fluss" tun, ein heiligendes, heilendes, sakramentales Licht bringt.

Das Wesentliche, das von uns selber kommen muss, ist das sich bereit machen, „die Schuhe ausziehen" – auch, wenn wir das „Gesicht" im brennenden Dornbusch zuvor noch gar nicht gesehen haben, uns nicht besonders „inspiriert" finden, vielleicht noch müde und deprimiert von einer unruhigen Nacht (wie ich heute morgen) oder einer schwierigen zwischenmenschlichen Erfahrung (die ich am Abend davor bei einem gut gemeinten Telefonat machte).

Die Bereitschaft, neu zu beginnen, sich leiten lassen im Hineingehen in die Armut des banalen Tages – in dem dann doch plötzlich das Licht des Dornbuschs aufleuchtet, sein Feuer, das nichts zerstört – das würde ein sakramentales Leben und ein neues Bewusstsein ausmachen.

Ein Traum?

Es ist Ostermontag, schon den zweiten Tag also keine Tageszeitung, die ich gern beim Nachmittagstee durchblättere. „Die Zeit"

schon gestern gelesen, bleibt mir nur noch das „Zeit-Magazin",
das ich normalerweise links liegen lasse, weil es mir zu „lifestyle-
mäßig" ist. Nun greife ich doch danach, lese einen großen Artikel über Ana Kraš, ungewöhnliche junge Designerin, Fotografin,
Allround-Künstlerin. geboren in Belgrad, noch zur Zeit des Krie-
ges, mit viel Liebe, Wärme und Aufmerksamkeit für diese Stadt,
ihre dort lebende Familie, zu der sie trotz ihres erfolgreichen Lebens in New York gern zurückkommt.

Zu Anfang lese ich eher diagonal, aber dann kommt Interesse
auf, und der Schluss, vor allem ihr letzter Satz, mit dem der Bericht schließt, scheint mir im jetzigen Moment geradezu wie für
mich „vom Himmel gefallen" (oder vom „Wink der Weisheit"
zugespielt): Es ist dort von ihrem Mangel an Eitelkeit die Rede,
und dass sie alles leicht nehmen kann, weil sie nicht „aus einem
Milieu kommt, in dem man schon als Kind den Druck verspürt,
besser sein zu müssen als andere." Sie glaubt auch nicht, dass
sie mit ihren Entwürfen „die Welt verändern" wird. „Wenn ich
einen Tisch entwerfe, dann mache ich das nicht, um etwas Un-
glaubliches oder Ikonisches zu erschaffen", sagt sie. „So zu denken wäre für mich lähmend. *Ich tue, was ich tue, weil es mich interessiert. Es bedeutet nicht die Welt. Es steht für einen Moment.*"[87]

„Es steht für einen Moment". Für den Moment, in dem es sie einfach interessiert, eben diesem Entwurf zu seiner „Individuation"
zu verhelfen, und damit zugleich diesem Moment.

Nicht um etwas Großes, Ausgefallenes zu kreieren, sondern einfach um ihrer Idee Form und Ausdruck zu geben. Darin bündelt
sich ihr Interesse: Gewaltlos. Werden lassen was werden will.

Man spürt darin eine große Freiheit, ein Sich-geleitet-wissen.
Sicher, sie sitzt nicht herum und wartet, bis ihr die gebratenen
Tauben in den Mund fliegen. Vielmehr geht sie mit wachem Interesse durch die Welt, auch als Fotografin konzentriert und aufmerksam für die Besonderheit eines Anblicks, eines Motivs, das
es ihr wert scheint, bewahrt zu werden. Sein Wesentliches erspüren und würdigen. Heiligung eines jeden An- und Augenblicks.

---

87 Zeit Magazin Nr 15, 2. 4. 2020, S. 37

„Lass sie [die Weisheit] *mich leiten in ihren Werken"*...
Für diese unprätentiöse Frau kann, so scheint es, alles zum besonderen, eigentümlichen Ereignis werden, ohne dass sie es bewusst anzielt und als „Objekt" unterwirft. Sie stimmt im Innersten nahtlos mit ihrer Handlung überein, ist in unmittelbarer, einfühlender Beziehung damit – und mit sich selbst: Ein Mitfließen, Offensein für Begegnung, Sich- berühren-lassen, das sowohl ihr selbst als auch dem, was sie bewirkt zur „Individuation" im Hillman'schen Sinn verhilft.
Sakrament des Ereignisses, Sakrament der Handlung, Sakrament der Beziehung, der Begegnung und Berührung, ermöglicht durch eine losgelöste Aufmerksamkeit, Offenheit und unbefangene Freude, die nur möglich ist, wo wir innerlich „die Schuhe ausziehn" uns einlassen auf die „Armut des banalen Lebens" und auf das „Sich-finden-lassen".
Insofern, scheint mir, lebt diese Künstlerin all das vor, was Madeleine Delbrêl in ihrem Gedicht uns auf den Weg gibt, auch wenn sie natürlich inzwischen zu den Privilegierten gehört, die sich das „leisten können".
Und doch scheint mir ihr Beispiel übertragbar: Der Dornbusch, Geist der Weisheit und das neue Bewusstsein, erscheint nur, wo wir unser Bescheidwissen über Gott und Welt aufgeben und nicht versuchen nach „Originalrezepten" (sprich: theologischen oder psychologischen Konzepten) zu funktionieren und zu reagieren.
Spüren wir darin nicht die Spielfreude der biblischen Weisheit, von der in den „Sprüchen" die Rede ist (Spr. 8, 32)? Von ihrer Liebe zum Menschen (und allen Geschöpfen) Lebenslust, zu der sie die Menschen aufruft?
„Wer mich findet, der findet das Leben" (Spr 8, 36), ist ihre Verheißung, die man gar nicht oft genug ins Bewusstsein rufen kann. Es ist ein Leben, dem nicht schon ein festes Drehbuch vorausliegt, nachdem man sich zu richten hätte. Weder das Drehbuch, in dessen Besitz sich die Glaubensverwalter wähnen zu wissen, noch das Drehbuch, das uns unsere Erziehung vorgegeben hat,

und das uns so leicht hinterrücks in Schuhe steckt, die gar nicht unsere eigenen sind.

Die „Heiligung des Bodens", auf dem wir uns bewegen, fordert von uns, das alles abzustreifen und uns dem Feuer anzuvertrauen, das nicht verbrennt, sondern allenfalls unsere lähmenden Gewohnheiten umschmilzt: Die Hirnforschung weiß das schon lange, dass, um ungesunde, unlebendige Lebenskonzepte umzuschmelzen, die Neuronen zum „Feuern" gebracht werden müssen (Gerald Hüther).

Insofern möchte ich Madeleine Delbrêl in einem, in meinen Augen entscheidenden Punkt widersprechen: Es ist zwar oft nötig, ohne Enthusiasmus aufzubrechen in den Tag, aber nur wenn wir an einem entscheidenden Punkt doch eine Flamme der Begeisterung spüren, erleben wir eine Lebendigkeit und Offenheit, die uns auf Begegnungen und Ereignisse kreativ reagieren lässt, in Übereinstimmung mit „Gott", Welt und uns selbst.

Das potentielle Sakrament, die „Heiligung des Bodens" bleibt sonst unverwirklicht.

TEIL III

Das Göttliche in Allem

„Grob, fein und göttlich"

Dies ist der Titel eines wunderschönen Büchleins, das der auf der Achalm bei Reutlingen lebende Holzschneider und Maler HAP (Helmut Andreas Paul) Grieshaber (1909-1981) und die Stuttgarter, in Heidenheim auf der Ostalb geborenen Lyrikerin Margarete Hannsmann (1921-2007) zusammen gemacht haben.[88] Verliebt ineinander, verliebt in die Landschaft „ihrer" Schwäbischen Alb, „die Raue Alb". Im Geleitwort erzählt Margarete Hannsmann, wie es zu diesem Titel kam:
Grieshaber lag nach einem Sturz in einer Tübinger Klinik und hatte ein Buch über indische Tantra-Kunst und Meditation geschenkt bekommen, und in einem der Texte fand sich dieser Satz, der sich auf die *Erscheinungsweisen aller Gottheiten* bezieht:

„ ...Dreifach ist deine Gestalt
Grob, fein und göttlich" .

Und Margarete Hannsmann, schreibt dazu:
„Grieshaber deutet auf die ganze Ausdehnung des Gebirges vor seinem Klinikfenster und sagte: Gilt das nicht auch für unsere Heimat?"

Wieder ist es ein *Gebirgszug*, eine Landschaft, die Erde selbst, angesichts deren in zwei Menschen solche Assoziationen von göttlicher Erscheinungsweise erwachen, wie bei Leonardo Boff, der dem Gebirgszug dankt, der „sein Fenster besucht". Diesmal kein südamerikanischer, vielleicht auf den ersten Blick schon imposanter. Eher ein bescheidenerer, süddeutscher, in dem man in vielfachen Gestalten diese doch scheinbar gegensätzlichen An-

---

88   HAP Grieshaber, Margarete Hannsmann, Grob, fein und göttlich, Dortmund 1982

mutungen erfahren kann: Grob, rau oft in ihren Rhythmen, den stofflichen, farblichen Ausdrucksweisen von Geologie, Topographie, Flora und Fauna, und doch auch wieder von unendlicher Feinheit und Differenziertheit – und in egal welcher Erscheinungsform spürbar „individuiert" in ihrer Eigenheit, für den, der die Besonderheiten kennt und *liebt*. Ja, sogar *„göttlich"* – denn in der *„Göttlichkeit"* liegt immer ein Mysterium des *Unbegreiflichen*, von reiner *Freiheit*, die sich *„unter keinerlei Aspekt er-*fassen *lässt"*, wie Raimon Panikkar einmal schreibt.[89]

Darum ist *„Grob, fein und göttlich"* für mich die kürzeste Metapher für die Offenbarung des Göttlichen in der Schöpfung unserer Erde, unserer Welt, die ich kenne.

Und so habe ich diesem Kapitel diesen Titel gegeben, obwohl es darin vorrangig gar nicht um die Intentionen dieser beiden Künstler gehen soll, um taktile, visuelle, sprachkünstlerische Eindrücke und Ausdrucksformen der umgebenden Welt, sondern um das Grobe und Feine, das uns in unserer modernen Welt akustisch heimsucht und oft mehr behelligt und plagt als beglückt – und doch Ausdruck und Sprache des Göttlichen in seiner Unbegreiflichkeit ist.

Wie ein *cantus firmus* durchzieht dieses Thema in vielerlei Klangvariationen meine Bemühungen in diesem Buch, meine eigene Perspektive für den Horizont eines dringend notwendigen neuen Bewusstseins zu finden. Einen Sinnrahmen, der mich nicht nur intellektuell befriedigt, sondern der mich tiefinnerlich, im „Herzen" stimmige Resonanz spüren lässt. Alles andere taugt nichts, verändert nichts. Es muss durch mich hindurchgegangen sein – in genau derselben Weise, wie die groben Bässe, die jederzeit von irgendwoher durch und in Mark und Bein dringen können – und doch der Schönheit dieses Ortes, der Würde seiner tiefwurzelnden Bäume und der Feinheit seiner vielgestaltigen Flora und Fauna nichts anhaben können: Noch nie habe ich trotz einer ohrenbetäubenden Großveranstaltung einen Baum die Blätter

---

89 Raimon Panikkar, Das Göttliche in Allem, Freiburg 2000, S. 10

fallen lassen sehen oder erlebt, dass ein blühender Strauch seinen Duft verliert, dass das Gras geknickt gewesen wäre oder die Amseln nicht gesungen hätten! Was kann ich von ihnen lernen? Von ihnen oder auch von den zeitweise lärmüberfluteten besonderen Orten, ob Kirchen, Klöster, einst abgelegene Kraftorten, wo doch die Sensibilität für das Feine, Stille, Organische gepflegt und gehütet wird, für das Leise, Feine und Stille, und denen etwas innewohnt von dem unzerstörbaren weisheitlichen Geist, der *Kraft* der *Freiheit*, welche die Bibel (in patriarchalen Zeiten entstanden) den „Herrn" nennt (gr. *kyrios*, was von *kyros*, Kraft abgeleitet ist)?

Auf diese Kraft, diese Freude hoffe ich, die der Prophet Jesaia in einer meiner biblischen Lieblingsstellen rühmt:

„Die auf den Herrn[90] *harren, kriegen neue Kraft, dass sie auffahren mit Flügeln wie Adler, dass sie laufen und nicht matt werden, dass sie wandeln und nicht müde werden"* (Jes 40,31, Lutherübersetzung).

In ihrem innersten, göttlichen Wesen kann dieser Kraft nichts etwas anhaben. Auch wenn die Rede vom „Harren" heute nicht jedem geläufig ist, spüre ich in diesem Satz eine *Verheißung*, die mich immer wieder mit „Eu-phorie", wörtl. einem „freudigen Getragensein" und einer möglichen Freiheit erfüllt. Das „Harren" ist ja immer noch gut verständlich präsent in der *Beharrlichkeit*, Beständigkeit, das keine Starrheit meint, sondern ein ruhiges *Ausharren*, Aushalten und Hoffen, ein in sich ruhendes Überzeugtsein von der Gewissheit einer solchen uns einwohnenden Kraft, die es nicht nötig hat, mit Lautstärke zu protzen. Aber paradoxerweise ja auch in den groben „Angriffen" wirkt – woher sonst sollten sie ihre Heftigkeit und (maschinelle) Beharrlichkeit denn nehmen? Auch die Lärmenden betreiben ja einen *„Kult der Materie, Kult des Lebens, Kult der Energie"* (Teilhard de Chardin), eben auf ihre eigene, „grobe" Weise!

---

90 Buber/Rosenzweig übersetzen „Ihn" – *„kyrios"* in der Septuaginta ist verwandt mit *„kyros"*, Kraft

So ist diese Kraft genau genommen auf beiden Seiten – und so könnte sie auch *in mir* eine Festigkeit und Geduld zum Aushalten im Gegebenen, Alltäglichen nähren. Denn sie ist ja – das ist der verrückte Kern des Paradoxen – zugleich auch die Voraussetzung für die Kraft und Freiheit der *Adlerflügel:* Auf rätselhafte Weise scheinen die von mir „negativ" erlebte und in „positiver" Weise herbeigesehnte Kraft ineinander verschränkt zu sein, je auf andere Weise als Spielart des Göttlichen.

Sprüche der Weisen aus aller Welt bestätigen diese vielfach präsenten paradoxen Verschränkungen, wie dieser Satz von Lao Tse zeigt:

„Das Schwere ist des Leichten Wurzelgrund.
Das Stille ist des Ungestümen Herr",
    (Tao Te King, Kap. 26).

Lao Tse hat im 6. Jahrh. v. Chr. gelebt, also etwa hundert Jahre nach Jesaia, und beide hatten, wie auch Buddha längst den „Ruf der Weisheit" vernommen, um die ich immer von neuem ringe. *Grob* und *fein; schwer* und *leicht; ungestüm* und *still:* Das sind die Pole, die Gegensatzpaare, äußerlich und innerlich, zwischen denen wir lebenslang stehen – und die miteinander in Einklang zu bringen die Aufgabe eines integralen „neuen Bewusstseins" ist. Das hat auch C. G. Jung so gesehen, in dessen Erinnerungen ich gerade lese. Aber wohl wissend, wir schwierig diese Aufgabe ist und dass wir sie in der Bewusstseinsentwicklung erst noch vor uns haben, sagte er:

„Die allgemeine und grundlegende Einsicht, dass unsere psychische Existenz zwei Pole hat, bleibt noch immer eine Aufgabe der Zukunft."[91]

Denn es ist ja unsere „psychische Existenz", also der Mensch, welcher in der Regel lieber seine inneren Widersprüche nach außen projiziert und so die Welt vorrangig in Gegensätze auf-

---

91 Jung/Jaffé, Erinnerungen, S. 173

gespalten wahrnimmt – die doch im „Göttlichen" als zusammengehörig und einander bedingend zusammenklingen!

Aber natürlich möchten wir (besonders ich) es lieber „fein" und „leicht" haben, uns erheben über die groben, schweren Niederungen des Lebens. Nur: wir vergessen eben dabei, dass das eine nicht ohne das andere zu haben ist. Und dass wir dazu auch durch die Niederungen *hindurch* müssen[92] – so wie der Keim eines Samens zuerst durch die grobe Erde hindurchwachsen muss (und es mit staunenswerter Geschmeidigkeit auch tut, ohne deformiert zu werden), bevor er seine ganze Schönheit an leichter Luft entfalten kann.

Die Natur lehrt uns, psychologische und geistige Notwendigkeiten zu verstehen, die sich weiter in Mythen ausfalten: Auch Christus ist in die Hölle, zu den „Schatten" hinabgestiegen, bevor er leichten Schritts seinen Jüngern erscheinen und in andere Dimensionen sich erheben konnte. Und im griechischen Mythos muss Kore, das Mädchen erst vom Unterweltsgott Hades geraubt werden, um sich in der Unterwelt mit ihm zu vermählen, zur Frau zu werden, damit sie der in winterlicher Düsternis verschatteten Erde den Lichtsohn gebären kann, wieder aufsteigen und die Natur erlösen. Und sie muss das – so wie wir alljährlich Jesu Tod und Christi Auferstehung feiern – immer wieder von neuem tun: Ein „Ein-für-allemal" gibt es nicht. Das Leichte erwächst aus dem Schweren, und nur wenn Leichtigkeit die Schwere mitfühlt, wachsen ihr Lebendigkeit, Kraft und Flügel des Adlers (Jes 40,31) und sie ist nicht nur ein schwaches „Blatt im Wind", das jeder Gefühlssturm durch die Gegend wirbeln kann. Nur dann kann sie auch jene Stille, jenes beharrliche, freie Vertrauen in innere Stärke gewinnen, die dem Ungestümen

---

92 Teilhard de Chardin: Der früheren „*Mystik der Loslösung*" müsse heute eine „*Mystik des Hindurchgangs*" folgen, also durch die Welt *hindurch* (nach G. Schiwy, Teilhard de Chardin, Bd 2, S. 143). Denselben Gedanken formulierte allerdings bereits der Stoiker Seneca (1. Jh n. Chr.) mit dem bekannten Satz: „*Per aspera ad astra*" = etwa: „durch das Grobe, Abstoßende hindurch zu den Sternen", was ja auch eine sprichwörtliche Tradition hat.

Grenzen setzen kann – und es letztlich in sich zurückbindet in die Mitte der Stille, die immer schon und lange vor ihm war.

Es ist seltsam: Wann immer ich mir den Vers vorsage: „Das Stille ist das Ungestümen Herr", spüre ich als eine Art Paraphrase eine Stimme, die mir eine winzige Abwandlung einflüstert, das dann so lautet:

„Das Stille ist (auch!) des Ungestümen *HERZ"!*

Zeigt mir diese Intuition, dieser „Wink" vielleicht die *ganze Wirklichkeit?*

Eine warme, lebendige Wirklichkeit, überformt von angelernten Vor-Urteilen, zu der in Augenblicken des Angegriffenfühlens vom Groben und Lauten die Verbindung abreißt?

„Alles ist Gottesereignis" – darum dreht sich alles, was ich hier schreibe, alles ist *göttlich.* Wie also komme ich dazu, das „Grobe", das Laute und (in meiner Wertung Vulgäre und „Falsche") davon auszunehmen?

Die östliche Weisheit kennt das Symbol des „Tai Chi", in dem das Dunkle und das Helle fischblasenähnlich sich in eine Kreisgestalt fügen, wobei jedes in sich ein „Herz" des anderen trägt.

Und an der Pinnwand in meiner Küche hängt seit vielen Jahren ein Zitat des chinesischen Weisen Dschuang-Tse, in etwa Zeitgenosse Lao-Tses:

„Wer das Rechte ohne das Falsche oder
Ordnung ohne Unordnung haben will,
der versteht die Gesetze des Himmels
und der Erde nicht. Er weiß nicht,
dass alle Dinge zusammenhängen.
Kann einer sich ausschließlich
an den Himmel klammern
und die Erde überhaupt nicht kennen wollen?
Himmel und Erde sind einander zugeordnet: Kennt
man eines, so kennt man auch das andere.
Weist man eines davon zurück, so hat man
beide zurückgewiesen.

Kann man sich an das Gute halten,
ohne das Schlechte in den Blick zu nehmen,
mit dem verglichen überhaupt erst etwas
als ‚gut' erscheint?
Wer nur eine Seite sieht, der ist
ein Schurke oder ein Narr.

„Weist man eines davon zurück, so hat man beide zurückgewiesen." *Alles* ist göttlich, ist Sakrament: In allem wohnt das Göttliche. Weist man das Grobe zurück, so auch das Feine. Und wohl wahr ist, dass der „Ruf" der göttlichen Weisheit respektive der Gottheit selber nicht immer und überall ein feines, flüsterndes Anrufen ist. Nicht jedes sakramentale Ritual der Völker ist begleitet von Harfen und sanftem Saitenspiel. Da erschallt Anruf und Lob Gottes mit Pauken und Trompeten, da werden Posaunen geblasen oder Muschelhörner, werden Trommeln gerührt, Gongs geschlagen, die jede Körperzelle vibrieren lassen und die untersten Körperregionen durchbeben, die innersten Eingeweide erschüttern, dass einem das numinose „Tremendum" (das Erzittern Machende) deutlich genug werde. Denn Gott ist wohl fein und lieblich, aber auch gewaltig, groß und mächtig. Auch in der europäischen Musik werden Pauken und Trompeten eingesetzt sowohl zum Ausdruck höchster Verherrlichung der göttlichen Apotheose, als auch zur Darstellung von Finsternis und Grauen. Gott bewirkt das Feinste und das Lichteste, aber auch das Furchtbarste. Nicht nur Säuseln der Frühjahrsbrise, sondern auch Sturm und Erschütterung der Erde. Der Vulkane unter gewaltigem Tosen glühendes Gestein herausschleudern lässt, die Weltmeere zum Toben und schiffeverschlingenden Schäumen und Branden bringt – nie in den Religionen der Völker wurde er reduziert auf den schmeichelnden „lieben Gott", bis das spießbürgerliche Kirchenchristentum ihn darauf reduzierte. Die Alten wussten noch um die *ganze* Bandbreite seiner Macht, um die nötige „Furcht Gottes", hatten ihn noch nicht in unwandelbaren „Naturgesetzen" zu sterilisieren versucht, was sich heute plötzlich wieder in einer offensichtlich nicht für möglich gehaltenen und unbegreiflichen Neuschöpfung in Gestalt eines winzigsten und höchst lebendigen Gottespartikelchens zeigt, eines Virus namens „Corona", das – in wissenschaftliche Kategorien geschrumpft – noch nicht einmal zu den „Lebewesen" gehört ... Und doch die ganze Welt in Angst bringt ...

Nein, das Göttliche lässt sich nicht einseitig auf's Feine reduzieren, Grob, brutal kann es zuschlagen und den Menschen auf seinen Platz verweisen, wo er sich angemaßt hat, den „Herrn der Schöpfung" zu spielen:

„Ich bin der Herr und sonst keiner mehr, der ich Licht mache und schaffe Finsternis, der ich Frieden gebe und schaffe Unheil. Ich bin der Herr, der dies alles tut,"

lässt Gott den Propheten Jesaia wissen (Jes 45,7). Was für ein Donnerwort dessen, der *alles* geschaffen hat: Keinesfalls lässt er sich ins kindische Fleißbildchenformat als „lieber" Gott verniedlichen!

Um ehrlich zu sein: Mich schaudert auch an dieser Stelle. Denn stellt sich da nicht unvermeidlich die bekannte heikle (und zugegebenermaßen auch quälende) Frage, ob damit nicht auch die Wut eines James Hillman über die verkommenen Zustände ins Leere läuft, die Wut auf die Dummheit und Amoralität kapitalistischer Ausbeuter und die zunehmende Dumpfheit der Einzelnen? Auf die Die Brutalität dieser Systeme, zu der man etwa auch die Gewalttätigkeit ihres akustischen Ausdrucks zählen müsste mit ihrer Verherrlichung des spektakulär Aggressiven und Lauten?
Wenn es darum geht, allem in der Welt zu seiner „Individuation" zu verhelfen, gibt es dann auch so etwas wie eine „Individuation des Groben und Vulgären" als Repräsentanten des *deus absconditus*, des verborgenen, dunklen Gotts? Haben nicht auch

sie dann ein Recht darauf, nicht abgewertet zu werden, genauso wie keiner auf den Gedanken käme, die gewaltigen Klänge von Ritualmusik oder sogenannter klassischer Musik verächtlich zu machen?

Ist letztlich nicht auch dies alles so unzweifelhaft „sakramental" wie etwa eine zerstörerische Geröll-Lawine in Leonardo Boffs fensterbesuchendem Gebirgszug?

Ein unvergessliches Erlebnis fällt mir dazu ein:

Nicht weit von unserem Haus, aber durch ein Waldstück optisch wie weit außerhalb des Wohngebiets liegend, gibt es ein Vereinsheim, wo sich auch ein schlecht isoliertes hallenartiges Gebäude der Arbeiterwohlfahrt befindet, das im Sommer auch als Tagesferienheim genutzt wird.

Eines Abends war von dort laut dröhnende Musik zu hören. Ich dachte zunächst an eine Party der Ferienhelfer, die irgendwann auch enden würde, vielleicht spät. Aber da war kein Ende. Es ging die ganze Nacht durch und endete auch nicht am Sonntagmorgen, sodass ich mich schließlich, bebend vor Zorn aufmachte, um zu sehen, was dort ablief. Je näher ich kam, desto lauter dröhnten die Bässe, trotz geschlossener Türen. Für mich kaum zum Aushalten. Dennoch gab ich nicht auf. Ich machte das Tor auf und stand in einem total verdunkelten Raum mit spärlicher Diskobeleuchtung in dem Jugendliche, durchaus kein verkommenes Volk, sondern eher bürgerlicher Herkunft, teils ermattet am Rand saßen, teils noch immer tanzten. Ein großgewachsener, dunkel und gepflegt gekleideter aussehender junger Mann hatte wohl sofort begriffen, kam auf mich zu und komplimentierte mich sehr höflich nach außen. Es wäre in diesem Lärm ohnehin aussichtslos gewesen, sich zu unterhalten.

Ich konnte meine Erregung und Wut nicht verbergen, fragte, was hier eigentlich los sei, ich wohne nicht weit von hier und hätte schon die ganze Nacht nicht geschlafen, das Getöse müsse nun endlich aufhören, sonst würde ich die Polizei rufen.

Mit ausgesuchter Höflichkeit entschuldigte sich der junge Mann und sagte, wenn sie gewusst hätten, dass hier in der Nähe Wohnhäuser seien, wären sie niemals hierher gekommen. Sie hätten gedacht, die „location" liege so weit abseits, dass niemand gestört sei.

Sein entgegenkommendes, ja kultiviertes Wesen, beruhigte mich etwas, erstaunte mich auch und machte mich neugierig. Ich fragte ihn, welcher Art denn ihre Veranstaltung hier sei. Worauf er in unbefangener Offenheit den Namen seiner Gruppe nannte, der ziemlich exotisch klang, in dem aber etwas von „Meditation" vorkam. Ich habe den Wortlaut vergessen, wollte aber wissen, was ich mir darunter vorzustellen habe. Worauf er mir sehr ernsthaft erklärte, sie seien eine Vereinigung von Menschen, die spirituelle Erfahrung durch diese sehr spezielle Art der Meditation suchten, wobei die Lautstärke und Dauer bewirken sollten, dass sie ihr „Ich loslassen" könnten. Dass sie aber nie und nimmer beabsichtigen würden, irgendjemand damit zu beeinträchtigen, es tue ihm nun sehr leid, und nachdem er nun wisse, dass jemand unter ihnen gelitten hätte, kämen sie bestimmt nicht wieder hierher.

Er hat Wort gehalten, und ich war um eine zwar teuer erkaufte, aber doch irgendwie eindrucksvolle Erfahrung reicher. Ob Drogen mit im Spiel waren, kann ich nicht sagen: mein Auskunftgeber wirkte weder betrunken noch bekifft, und falls doch – wie einst in New-Age-Zeiten in Kalifornien oder Indien durchaus auch praktiziert – irgendwelche chemischen Rauschmittel der rascheren „Ent-Ichung" und „Erleuchtung" hätten dienen sollen, dann ja sozusagen ebenfalls im Dienste eines „höheren Zwecks". Insofern also kann man dem, was mir nur als unerträgliches, kunstloses Getöse erschien, zumindest in der *Absicht* einen „kultischen „Sakramentcharakter" nicht absprechen. Sich durch nächtelanges Trommeln und Tanzen in Trance zu bringen, folgt im Grunde alter schamanistischer Stammestradition. Wobei es auch dort allerdings nicht zum Ziel hat, den Klängen zur „Identität" zu verhelfen, wie ich das vielleicht bei einer Bach- oder Mozartkomposition empfinde.

„Dreifach ist deine Gestalt: Grob, fein und göttlich" – wobei das Göttliche das Gegensatzpaar „Grob-Fein" umschließt. Auch wenn es schwer ist, damit zurechtzukommen, so hat wohl *alles* seine Berechtigung, auch wenn ich leider der „groben" Faszination heutiger kollektiver Rasereien genausowenig Göttlichkeit abgewinnen kann, wie James Hillman dem vermüllten Strand samt dem dort sich tummelnden Volk am Pier von Santa Monica.
Gewaltlos ist diese Art von „Sakramentalität" oder „Kult", jedenfalls nicht.
Doch es hat ja auch immer wieder tief religiöse Menschen gegeben, die selbst im Krieg eine kathartische Funktion gesehen haben, und gar, wie Pierre Teilhard de Chardin, im Krieg eine Intention zu erkennen glaubten, welche die Völker zu höherer Bewusstheit und letztlich zu mehr einigenden Menschlichkeit führt, eine Intention göttlicher Evolution sogar [93], der uns unserer „Erlösung" näher bringt.

---

93   Schiwy, Teilhard de Chardin, Bd 2, S. 221 ff

Die dunkle Erdseite des Göttlichen und die Herausforderung der Widersprüche

Da, wo ich lebe prallen die Gegensätze des „Groben" und „Feinen" als Audrucksformen des „Göttlichen" extrem aufeinander. Wir sind hier, um mit Erich Neumann zu sprechen, unentwegt dem „Problem der in uns brennenden Erde und des in ihr brennenden deus absconditus" ausgesetzt. Unter dem *„deus absconditus"* versteht man theologisch den „verborgenen Gott" und auch *die verborgene (Erd-)seite Gottes.* Letztere meldet sich nicht nur hier unübersehbar und deutlich zu Wort, und Erich Neuman hat in seinem Vortrag deutlich hervorgehoben, wie mächtig diese „dunkle Erdseite des Göttlichen" mit ihrem Feuer „den modernen Menschen ergriffen hat".[94] Ja, dass sie droht, ihn mitsamt der gesamten Schöpfung zu verbrennen! (ebda).
Doch, wie Neumann auch sagt, hat es keinen Sinn, nun diese dunkle Seite weiter „anzuschwärzen", bzw. in unseren Klagen darüber stecken zu bleiben. Statt dessen müssen wir uns der Aufgabe stellen, die dem Menschen im Prozess der Inkarnation des Göttlichen in Mensch, Ding, Erde aufgetragen ist. Denn nichtsdestoweniger ist es ein *göttliches Feuer,* das auf seine Weise genauso „Himmelslicht" ist, wie das, worin wir es auch im Erdenleben leicht zu erkennen glauben: Im Hellen, Ruhigen und Stillen, das uns unmittelbar Frieden gibt.
Gibt es Zeichen, Wegweisung?
Wären etwa auch all diese überlauten Gebärden zu sehen als *Suchbewegungen,* Symptome einer inneren Not und Sehnsucht nach „Erlösung"? Als ein Schrei nach Wiederverbindung mit einer verlorenen oder verleugneten Wesensmitte, nach einem Zeichen, das die Beziehung wiederherstellen könnte? Letztendlich als eine Sehnsucht, den *eigentlichen Ruf* wieder zu hören, der an Ursprung und Sinn erinnert – Sehnsucht nach dem Ruf der Weisheit – Sehnsucht nach einem „Darüberhinaus", einer größeren

---

94 E. Neumann, Eranos-Vortrag Erdarchetypus, in: Die Psyche als Ort der Gestaltung, S. 37/38

Weite, ja, in dieses „neue Bewusstsein", von dem auch die wahrlich nicht feenleisen Musiker in Woodstock (1969) und ihr Publikum träumten? In „brennenden" Übersteigerungen, die jetzt zum Selbstzweck geworden sind und nur noch genau die Trivialitäten erzeugen, denen man unbewusst zu entkommen sucht, was wiederum Verzweiflung und Erlösungswünsche ins Maßlose treibt: Ein Teufelskreis, der mit einem „noch mehr", „noch grotesker", „noch lauter" nicht aufzubrechen ist?
Eine schwer verdauliche Diagnose. Die mir aber doch das bedrohlich Erscheinende verstehbar macht, und was man versteht, kann und muss man nicht mehr mit derselben Hoffnungslosigkeit verurteilen.

Doch wohlfeile Heilmittel sind mir nicht in Greifnähe. Zunächst hilft nur das Annehmen dessen, was man lieber aus der Sicht- und Hörweite entfernt wüsste.
Und immer wieder neu: Das Rückbesinnen darauf, dass nichts in der Welt *nicht* göttlich durchdrungen sein kann. Was uns in all den Leiden machenden Zeitsymptomen begegnet, *kann* nicht weniger göttlichen Ursprungs sein als das, was wir das „Wahre, Gute und Schöne" nennen.
Offensichtlich scheinen wir nicht auf der Welt zu sein, um nur noch diese „himmlische", helle und uns angenehme Seite aufzusuchen und vor der anderen, groben und dunkel lodernden „Unterweltlichen" zu fliehen. „Im Gegenteil", sagt uns Erich Neumann: Wir müssen unsere Einstellung zur Erde, müssen uns selbst verwandeln und Verantwortung übernehmen, für die Erkenntnis, was Mensch, Ding und Erde ihrem *Wesen* nach sind und was ein neues Bewusstsein von uns verlangt, wie Neumann sagt:

„Der die Erde verwandelnde und so sich verwandelnde Mensch *wird der Ort, in dem Himmel und Erde wieder zusammentreten"*[95]

---

95   Ebd. S. 45

Am *Menschen* selbst also liegt es – wie mir scheint, ein ungeheurer Anspruch, ja, eine Überforderung! Denn woher soll ihm die *Kraft* dazu kommen?

Ganz sicher müssen wir klein anfangen, ganz klein. So gut wir können annehmen dessen, was unannehmbar und verwerflich erscheint. Dieses Annehmen ist schon schwer genug, um den Dingen, Orten, Geschehnissen ihre Sakramentalität wieder zuzuerkennen und damit zurückgeben. Und dabei nie vergessen, welche Kraft auch in unserem eigenen *Blick* liegt! Jung hat das ganz schlicht gesagt: *„Das meiste hängt doch davon ab, wie wir die Dinge betrachten."*[96] (Auch so ein Satz zum Rahmen ...) Und er hat auch immer wieder betont, dass dem menschlichen Bewusstsein Möglichkeiten innewohnen, deren Verwirklichung noch offen stehn, wovon aber die Mehrheit nichts weiß (GW 10 § 540). Da geht Willigis Jäger mit ihm einig, der ein halbes Jahrhundert später dasselbe sagte, stellvertretend für viele andere: *„In uns schlummern Möglichkeiten, die noch nicht geweckt sind."*[97]
Und würde Jung voll zustimmen, der diese Möglichkeiten sieht

„als schöpferische Auseinandersetzung des Menschen mit den Gegensätzen und ihre Synthese im Selbst, der Ganzheit seiner Persönlichkeit verstehen. ... Die notwendigen inneren Gegensätze im Bilde des Schöpfergottes können in der Ganzheit und Einheit des Selbst versöhnt werden ... In der Erfahrung des Selbst wird nicht mehr, wie früher, der Gegensatz ‚Gott und Mensch' überbrückt, sondern der Gegensatz im Gottesbild ... Das ist das Ziel oder ein Ziel, das den Menschen sinnvoll der Schöpfung einordnet und damit auch diese Sinn verleiht ... Hier schiebt sich das Wunder des reflektierenden Bewusstseins ein, einer zweiten Kosmogonie [Weltschöpfung, B. R.]."[98]

Erinnern wir uns: „Gott" schuf Finsternis *und* Licht (Ps 139).

---

96   C. G. Jung, GW 16, § 96
97   Willigis Jäger, Die Welle ist das Meer, Freiburg 2000, S. 31
98   Jung/Jaffé, S. 341

Robert Musil (1880-1942), der am selben Tag Geburtstag hatte wie ich, hat in seinem „Mann ohne Eigenschaften geschrieben: *„Man kann seiner Zeit nicht böse sein, ohne selbst Schaden zu nehmen."*[99] Um das zu „realisieren", brauchen wir die versöhnliche, ja liebende Kraft einer Weisheit, die uns *sehen* lehrt, was *Mensch, Ding, Erde* ihrem Wesen nach sind. Die uns erlaubt, unser Bewusstsein darüber weiter auszudifferenzieren, in dem es erkennt, wie unfasslich wunderbar alles in dieser Welt miteinander verwoben ist und von einem Geist beseelt, der uns befähigt, neue Sinnhorizonte zu erschließen, Mitschöpfer einer neuen Weltsicht zu werden.

Ich schaue auf die beiden Steine, die vor mir auf dem Schreibtisch liegen. Auf die Geheimnisse, die sie in sich tragen. Geheimnis der Kristallbildung, Geheimnisse der pflanzenartigen Ausblühungen, als wüsste der Stein schon, welche Evolutionsstufe einst einmal möglich sein würde. Unfassbare Zusammenhänge schon auf der Stufe der Mineralien, wo aus Kohlenstoff Diamant werden kann. Wenn der Druck hoch genug ist ...

Wir dürfen nicht in unserem religiösen Buchwissen stecken bleiben. Das „Buch der Natur" und des Alltags, die den Ruf der Weisheit in sich tragen, nicht nur unter eingeengtem Blickwinkel lesen. Sonst ist uns nichts, was Erde, Dinge, ja den Menschen angeht, mehr heilig.
Eine Verwandlung unseres *Blicks,* unseres „Geistes" (falls er diesen Namen überhaupt noch verdienen sollte), unseres Bewusstseins ist nötig.
Die Stärkung unseres Bewusstseins, dass es „ums Ganze geht" (Hans-Peter Dürr) und dass wir in Zusammenhängen denken müssen, statt in Ausschlüssen.
Das neue Bewusstsein verlangt, Widersprüche auszuhalten und das schon von Generationen vor uns, von Visionären, Philosophen Wissenschaftlern, spirituell Dürstenden Erschaute zu erkennen, dass die Sakramentalität von Welt, Mensch, Ding und

---

99   Robert Musil, Der Mann ohne Eigenschaften, Reinbek 1978, S. 59

Erde gerade im Spiel der Gegensätze und scheinbar paradoxen Unvereinbarkeiten liegt.[100] Wir sehen Licht, wir sehen Schatten, Helligkeit und Dunkelheit und meinen, es handle sich um etwas Grundverschiedenes, dabei ist es das Spiel der Lichts mit sich selber, das Schatten erzeugt: Wo Lichtwellen sich kreuzen, kann es sehr hell werden, oder sehr dunkel.[101] Wir können auf einer Flöte sanft schmelzende Töne erzeugen, aber auch schrille Dissonanzen, dass uns die Ohren gellen – weshalb von alters her die Blasinstrumente in der bildenden Kunst sowohl in Engelchören zu finden sind, als auch in Händen grässlicher Dämonen, (etwa bei Hieronymus Bosch). Eine Sommerbrise fühlen wir als Streicheln unserer Haut, ein Hurrikan zerstört ganze Landstriche – und beides ist doch „nur Luft" .... Beides aber ist „Realität" und wir haben es für unsere Kausalverknüpfungen passend gemacht und hoffen so mit unseren leiblichen Bedingungen „wissenschaftlich begründet" zurechtzukommen und fühlen uns über alles in kategorisierende Schubladen nicht Einordenbare hoch erhaben.

Doch gerade Dank der Wissenschaften, die sich mit Grenzgebieten wie etwa der Quantenphysik, sogenannten Feldtheorien befassen, zunehmend auch der Biologie/Biochemie und psychologischen Erkenntnissen, und nicht zuletzt durch die Erfahrungen von Mystikern aller Zeiten und Kulturen wissen wir inzwischen auch, dass zwischen Himmel und Erde Kräfte wirken, die wir nur behelfsmäßig benennen und schon gar nicht in Formeln pressen können. Allenfalls können wir symbolische Bilder dafür finden, Gleichnisse, die aber unter Umständen neue Rätsel aufgeben – jedenfalls aber auf unsere persönliche Erfahrung angewiesen sind. Sie sind wie vielschichtige Träume, von denen wir nur wissen, dass sie aus Dimensionen kommen, zu denen

---

100 Jung, GW 12, § 18

101 Hans-Peter Dürr am 18. 11. 2004 in einem Vortrag im Hospitalhof in Stuttgart. Dazu auch in „Wir erleben mehr, als wir begreifen": *„So kann ja auch Licht bei Überlagerung nicht nur mehr Licht, sondern auch Dunkelheit und so etwas wie Trennung ergeben."* Freiburg, 2002, S. 39

unsere hauptsächlich trainierten rationalen Bewusstseinstechniken keinen Schlüssel haben. Statt dessen gälte es die *Kunst des Sehens* (wie viele haben das schon gesagt ...), des *Schauens* zu kultivieren, der Ahnungen und Intuitionen und vor allem Vorurteile abzulegen, die unser westlich getrimmter „Normal"-Verstand in den letzten Jahrhunderten mit Argwohn oder Spott betrachtet hat.

Glücklicherweise aber hat es immer Menschen und Gruppen von Menschen gegeben, die sich lieber als Sonderlinge, weltferne Spinner oder „Esoteriker" beschimpfen lassen haben (was sich selbst Mystiker gefallen lassen müssen), als die Verbindung zu Überlieferungen aus der eigenen oder anderen Kulturen aufzugeben, die eine andere Art von „Wissen" geschätzt oder gepflegt haben. Dazu gehören auch die „Phantasten", die vom neuen Geist des „Wassermann-Zeitalters" gesprochen haben – oder noch zu sprechen wagen. Sie wenden sich diesen „anderen Wirklichkeiten" zu, weil sie spüren, dass es an dem fehlt, was der Philosoph Peter Sloterdijk (geb. 1947) anlässlich einer Preisverleihung sagte:

„In den Archiven der Menschheit liegen Briefe verborgen von Weisen, die nicht mehr zugestellt werden können, weil keine Empfänger mehr dafür vorhanden sind".
Und einer dieser in der Breite grob missverstandenen oder gänzlich verworfenen „Briefe", ist eben die Astrologie, der die Rede vom „Wassermann-Zeitalter" entstammt, und die in früheren Zeitaltern hohen Kredit genoss. Und selbst als dieser schon geschwunden war, hat selbst C. G. Jung befunden: „Der psychologischen Würdigung ist sie ohne weiteres sicher, *denn die Astrologie stellt die Summe aller psychologischen Erkenntnisse im Altertum dar."*[102]

---

102 C. G. Jung/Richard Wilhelm, Vorrede zum Gedächtnis an Richard Wilhelm, in: Das Geheimnis der Goldenen Blüte, Olten und Freiburg, 1971, S. XIV

Allerdings fügte er an anderer Stelle unmissverständlich hinzu, dass wir erst wieder lernen müssten, *diese Zeichen richtig zu übersetzen* – mit anderen Worten: Zu *würdigen* Empfängern dieser „Briefe" zu werden. Das gazettenhafte Horoskope-Geschlamp und die Computer-Instant-Module, die inzwischen hochkommerzialisiert in allen möglichen „To-go"-Variationen kursieren, verderben das Ansehen dieser alten, komplexen und so interessanten wie tiefgründigen Kunst leider immer mehr.

Jung selber hat sich mit ihr in der von ihm gewohnten Gründlichkeit befasst als eines symbolischen Systems von durchaus empirisch eindrucksvoll nachweislichen Synchronizitäten, sowohl was psychologische wie auch historische Ereignisse und evolutionäre Umschwünge angeht.

Was mich angeht, so bin ich – zum allergrößten Befremden meiner bildungsbürgerlich geprägten Familie – in den 70er Jahren darauf gestoßen (eher gestoßen *worden*, denn ich war mehr als skeptisch), als auch immer mehr Psychotherapeuten astrologische Geburtsbilder als diagnostisches Hilfsmittel ernst zu nehmen begannen und gebrauchten. Selbst einige Theologen gewannen neues Interesse daran – schließlich war die Astrologie noch bis ins 16. und frühe 17. Jahrhundert auch religiös kein Stein des Anstoßes, wie viele Abbildungen des Zodiak an Domen, Malereien noch in barocken Kirchen belegen: Gott wirkt durch die Sterne hindurch genauso in seine Schöpfung hinein wie durch andere „Naturphänomene" – warum sollte es das auch nicht tun?

Und so habe auch ich mich viele Jahre lang sehr gründlich mit der astrologischen Symbolik befasst, vor allem mit den hinter den Zeichen stehenden Mythologien, habe Seminare und Workshops angeboten, die wiederum nicht nur von „gebildeten Laien" aller Couleur besucht wurden, die ihren Horizont erweitern wollten, sondern auch von Psychologen und Theologen.

Es war eine anspruchsvolle, spannende Sache in einer Zeit, in der allgemein eine neue Offenheit für die alten „Briefe der Weisen" aufgebrochen war.

Inzwischen ist vieles von dem, was einst von ernsthaften „Lesern astrologischer Weisheitsbriefe" sorgfältig erarbeitet wurde, wieder in eine eher vage schillernde Beliebigkeit entschwunden. Aber auch heute ist bei einigen noch eine vage Erinnerung da an die Rede vom „Wassermannzeitalter", in das die Menschheit nun „eingetreten" sei und das die ersehnte Evolution des Bewusstseins mit sich bringen solle.

Was das bedeuten soll, will ich so kurz wie möglich skizzieren, obwohl solche Verkürzungen immer die Gefahr von Verflachung mit sich bringt und mir darum eigentlich zuwider sind.

Worum geht es also?

Astronomisch gilt seit alter Zeit der Schnittpunkt von Äquator und Ekliptik (scheinbare Umlaufbahn der Planeten um die Erde) der 20. März, an dem die Sonne am „Frühlingspunkt" steht, auch als Frühlingsanfang. In der Symbolik der Astrologie fällt das zusammen mit dem Beginn des „ersten Feldes" des Zodiak (Tierkreis), dem Zeichen Widder. Wird also jemand am 21. März geboren, so steht die Sonne auf dem 1. Grad des *Widders,* und laut Horoskopsprache gilt er als „Widdergeborener".

Schon die Astronomen des Altertums (die immer auch Astrologen waren) erkannten jedoch, dass die Erdachse eine merkwürdige Kreiselbewegung um sich selbst vollführt, und so verschiebt sich der Frühlingspunkt etwa alle 2100 Jahre um etwa 30 Grad (von 360 des gesamten Radius), und zwar „rückwärts". Das heißt: Schon um die Zeit von Christi Geburt befand er sich, astronomisch gesehen, bereits im Zeichen *Fische* und hat – nach unserer Zeitrechnung beginnend bei Christi Geburt – heute das

Zeichen des *Wassermann* erreicht [103] Da die Astrologie aber ein symbolisches System ist, gilt der am 21. März Geborene dennoch als im Zeichen *Widder* geboren. Was also geht uns diese astronomische Verschiebung dann überhaupt an, wo das astrologische Denken doch sowieso mit „nichts als" symbolischen Faktoren operiert?

Nun, diejenigen, welche unsere „Realität" in einem großräumigeren Sinn- und Wirkungsrahmen sehen, sind der Ansicht, die geistige Stimmung, welche unsere Zeit beherrscht, habe sich durch die „Wassermann-Dominanz" verändert gegenüber derjenigen, welche die letzten 2000 Jahre vorherrschend war, und das habe sich in einer Übergangszeit von mindestens etwa 500 Jahren schon vorbereitet – einzelne große Visionäre in viel früherer Zeit (denken wir zurück an Joachim von Fiore, der schon vor 1000 Jahren ein neues Zeitalter im Kommen sah) ahnten diese Umschwünge immer schon lange im voraus: Ohnehin sind die Übergänge fließend oder verlaufen in immer wieder stockenden Phasen und auch je nach Kulturraum nicht in denselben Formen. Ein eingefleischter Rationalist wird solche Ansichten selbstverständlich als Hokuspokus bezeichnen und tut es auch.
Für die Nachdenklicheren aber, die Kosmos, Erde und Mensch als nicht nur materiell, sondern auch geistig gegründetes, untrennbar ganzheitliches Zusammenspiel sehen und dafür auch trotz aller Rätselhaftigkeit in ihrem Lebenswerk wissenschaftlich anerkannte Gründe erarbeitet haben[104], besteht an der Schlüssigkeit dieser Ansicht, die durch Jahrhunderte gewachsen ist, kein

---

103 Insgesamt rechnet man eine komplette Kreiselbewegung, also die Zeit, die der Frühlingspunkt durch die gesamten 12 Felder des gesamten Tierkreis wandert, mit 25 200 Jahren, was das große oder auch „platonische Jahr" genannt wird.

104 Wozu nicht nur Spinner, sondern auch ein angesehener Wissenschaftler wie eben Hans-Peter Dürr gehören, wovon etwa dieses Zitat zeugt: *„Wir sind alle Teile dieses selben Einen, derselben [immateriellen] Potenzialität, auf der wir gemeinsam gründen."* in: Auch die Wissenschaft spricht nur in Gleichnissen, Freiburg 2004, S. 71

Zweifel. Auch nicht daran, dass ein neues Bewusstsein, ein Umdenken in vielen Bereichen notwendig ist, auch wenn sie sich gewiss nicht zur „New-Age-Bewegung" rechnen würden.

Den „neuen Visionären" jedoch scheint klar: Die Verschiebungen im „Weltjahr" (platonisches Jahr) wirken sich auf die kollektive Mentalität der Geschichtsperioden der Menschheit aus und stellen vor je neue Herausforderungen, was die Evolution auf materieller, psychischer und geistiger Ebene anbelangt. Zumal diese Bereiche, wie die modernen Wissenschaften zunehmend feststellen, gar nicht so klar begrifflich voneinander zu trennen sind, sondern zusammen energetische Felder bilden, wo sich Veränderung oder Ereignisse auf dem einen Gebiet merkwürdig spiegeln in ähnlichen Vorgängen auf Gebieten, die, vordergründig betrachtet, damit gar nichts zu tun haben.

Was zum Beispiel sollen die ungeheuren Flüchtlingsströme, die globale Verbreitung eines tödlich gefährlichen, bisher unbekannten Krankheits-Virus zu tun haben mit der globalen Verbreitung anderer quasi „infizierender" Phänomene, auch etwa mit „Viren" in den digitalen Medien, die gewohnte Sicherheiten außer Kontrolle bringen?

Ich will diese Entsprechungen hier nicht weiter verfolgen, aber da ich diese Gedanken mitten während einer Pandemie namens „Corona" niederschreibe, liegt das Beispiel nah, zumal auf keinem der genannten Gebiete bislang wirkliche Heilmittel oder Lösungen gefunden sind – womöglich gar nicht zu finden sein werden in der gewohnten Art, alle existenziell bedrohlichen Störungen „in den Griff zu bekommen."

In gewisser Weise führt uns dieses Beispiel, das sich mir nun unwillkürlich oder „zu-fällig" aufgedrängt hat, sogar mitten hinein in den Aufgabenkomplex, welcher der Menschheit nun im Prozess der stetigen Entwicklung eines neuen Bewusstseins aufgegeben ist.

Ich möchte das, so gut ich es vermag, am Ideogramm („Pikto-gramm") des astrologischen Wassermann-Zeichens und seines mythologischen Hintergrunds einzukreisen versuchen.
Wer das für Hokuspokus hält, darf dieses Kapitel gern über-schlagen.

Signatur und Mythos des Wassermann-Zeichens als Symbol der evolutionären Aufgabe des heutigen Menschen

Das Ideogramm, welches die Aufgabe sowohl für den Einzelnen in der Zeit des Wassermann-Zeichens Geborenen (20. Januar-19. Februar) als auch für das gesamte sich etwa seit 1950 sich anbahnende „Wassermann-Zeitalter" anzeigt, ist auf den ersten Blick denkbar einfach: zwei unverbunden übereinander parallel angeordnete Wellenlinien ≈.

Wenn man es mit den Bildzeichen der anderen elf Zodia oder Sternzeichen vergleicht, so fällt auf, dass es das einzige Zeichen ist, in dem zwei völlig gleichgestaltete Ebenen *unverbunden* übereinander angeordnet sind.[105] .

Die „Signatur" ≈ zeigt also zwei parallele, unverbundene, übereinanderstehende, irgendwie energetisch geladene Wellenzeichen.

Eine erste Irritation: Zwar deuten *Wellen* auf Wasser – aber das Sternbild Wassermann (lat. *Aquarius*) gehört symbolisch zu den „*Luft*-Elementen", *nicht* zum gefühlsverankerten Element *Wasser* (wie Fische, Krebs, Skorpion)! Es handelt sich also *nicht* um Wellen von Meer oder Fluss, in die man seelisch eintauchen und mitschwimmen könnte, auch nicht um die Gefühlsebene, die gewöhnlich mit „Wasser" verbunden ist, sondern um *geistige Schwingungsebenen:* eine „untere" und eine „obere".

Der *Mythos* dieses Sternbilds bringt uns dem Rätsel näher – denn nur wenn man die dahinterliegenden Mythen kennt, aus dem die astrologischen Zuordnungen entstanden sind, entgeht man den oberflächlichen Vorurteilen und klischeehaften Aburteilungen.

Der Mythos führt uns nach Ägypten, zum Herrscher der alljährlich erhofften Nilflut, die das Land mit fruchtbarem Schlamm überschwemmt. Und zu einer numinosen Gestalt oder Gottheit

---

105 Beim Waagezeichen sind das obere und untere Element *nicht* identisch, was auf eine andere Problemstellung weist.

namens *Hapi,* dem „Wasserträger", der diese Flut zu gegebener Zeit aus einem riesigen Gefäß ausgießt und entsprechender ritueller Kulte und Verehrung bedarf.

Also doch: Nilflut – Wasser – Ausgießen = Wassersymbolik? Ja und nein.

Ja, weil Wasser symbolisch für die materiell gewordene Geistessenz steht (was sich auch in christlichen Riten, Taufe, Weihwasser etc. erhalten hat).

Nein, weil die Nilflut nicht als Folge *natürlicher* Umstände gesehen wurde, sondern *„durch die richtige Mischung geistiger Voraussetzungen erzeugt."*[106]

Damit ist gesagt, dass es *geistige* Energien oder Potenzen sind, die der Welt der natürlichen Gegensätze vorausgehen. Der *Geist* ist der primäre Beweger alles Seins und alles Seienden. Das „wussten" die Alten intuitiv, und darin gipfeln nun auch auch die Erkenntnisse der modernen Quantenphysik: Explizit hat das Hans Peter Dürr mehrfach formuliert, etwa wenn er sagte, die Grundlage der Welt sei *nicht materiell* sondern *geistig* oder das sogar noch zuspitzt: *„Im Grunde gibt es nur Geist"*[107].

Dass dieses intuitive Wissen von jeher auch in vielen heute sogenannten „primitiven" Kulturen vorhanden war, zeigen deren Riten, die bestimmten wichtigen Handlungen vorauszugehen hatten, und auch eine inzwischen sehr bekannt gewordene (leider praktisch nirgends mehr beherzigte) Parabel erzählt davon:

„Ein Dorf und sein Umland litten unter einer anhaltenden Dürre, und es drohte eine Hungersnot. Da ließen sie einen Regenmacher holen. Gespannt warteten sie, was er tun werde. Doch dieser bat zunächst nur um eine Hütte für sich allein, in die er sich zurückzog. Dort verweilte er lange, viel zu lange in den Augen der Dorfbewohner, die ihn schon als Scharlatan verdächtigten.

---

106 Vgl. B. Romankiewicz, Spielfeld der Götter, C.G. Jungs Archetypenlehre und die Astrologie, Tübingen 2002, S. 99

107 Hans-Peter Dürr, Warum es ums Ganze geht – Neues Denken für eine Welt im Umbruch, Frankfurt 2011, S. 106, S. 95

*Doch da, eines Tages, zogen tatsächlich Wolken auf, es begann zu reg-
nen und der Schamane verließ die Hütte. Die Dorfbewohner bestürm-
ten ihn, ihnen nun doch zu sagen, was er so lange gemacht habe und
erwarteten exotische Erläuterungen.*
*Doch der Schamane zuckte die Schultern und sagte: „Als ich kam, habe
ich gesehen, dass das Land in geistiger Unordnung war. Also habe ich
mich zurückgezogen, und zuerst mich selbst in Ordnung gebracht.
Dann konnte ich daran gehen, euer Dorf in Ordnung zu bringen und
schließlich eure Felder. Darauf fing es an zu regnen.“*

Eine erstaunliche, meditationswürdige Geschichte! Was sie uns
sagen will, ist, dass es gleichsam eine „obere“, geistige Ordnung
gibt, die allem irdischen Geschehen vor-geordnet ist. Eine kosmische, aller materiellen Erscheinung vorgängige „Große Urordnung“, der wir in allen Weisheitslehren der Welt begegnen,
die „ zur Ordnung“ ruft – und *persönlichen* Einsatz fordert durch
den, der das versteht und vermag.
Diese transzendente, aber auch aller Materie „implizite Ordnung“ ist in der oberen Schwingungslinie des Wassermann-
Ideogramms dargestellt.
Die darunterliegende repräsentiert die Ordnung der „unteren“,
unserer irdischen Welt, die wir als „Realität“ erfahren, im Alltag,
im Umfeld.
Wenn wir nun selbstherrlich Ruf und Gesetze der „Weisungen“
der „oberen“, geistigen Ordnung missachten oder den *grundsätzlich sakramentalen* Charakter unserer materiellen Welt mit Füßen
treten, indem wir nur noch auf materieller Ebene unseren egois-
tischen Vorteil suchen und dadurch überall Unheil, Ungerech-
tigkeiten, Leiden und physische und seelische Verwahrlosung
anrichten, gerät auch die untere „Realität“ (oder was wir dafür
halten), in der wir uns aufgrund unserer Leiblichkeit bewegen,
aus dem Gleichgewicht.

Das ist der Punkt, an dem wir heute stehen. Und das ist der
Punkt, an dem uns die Mahner des „New Age“ und „Wasser-

mann-Zeitalters" an unsere Verantwortung gegenüber einem nicht mehr berücksichtigten Ganzen erinnern und dringend ein „neues Denken" fordern, um letzte Katastrophen (vorletzte haben wir schon zuhauf) zu verhindern.

Denn das Leiden, das wir verursachen, rührt genauso, wie das Leiden, das wir durch unsere Gewaltsamkeiten und Achtlosigkeit überspielen wollen, von zweierlei Täuschungen her. Einmal von der falschen Vorstellung, dass wir uns absondern könnten oder gar müssten, von der unsichtbaren Verbindung, die – bildlich gesprochen – zwischen den beiden Wellenlinien herrscht. Wir haben das Gefühl für die kreative Dynamik des Unsichtbaren verloren, für das „Dazwischen", das wir nicht unmittelbar „greifen" können, und das heißt: uns aktiv verfügbar machen. Doch in Wahrheit befinden wir uns immer im „*Feld*" dieser multidimensionalen Energie, welche die „untere" Welt der Dinglichkeit (lat. *res* = Ding, daher „Realität") und manipulativen Objektfixierung mit der „oberen" Urordnung der anfänglichen Liebe-Weisheit verbindet und sie in einem einzigen Großen Ganzen umschließt.
Doch genau für dieses alles Ein- und Umschließende sind unsere Augen und Sinne blind geworden. Wir sind mehrheitlich nicht mehr im Kontakt mit der allem innewohnenden, aber nur noch von wenigen gespürten Wahrnehmungs- und Empfindungsfähigkeit, durch die wir aus unserer Mitte heraus auch erkennen könnten, dass wir, genau wie jeder beliebige Punkt, jeder Ort, jedes Ereignis in einer elementaren Einheit verbunden sind, umfasst sind von einem sinnhaften, sakramentalen Großen Ganzen.

Von alters her hat man sich dieses Große Ganze immer wieder vorgestellt als ein großes *Gefäß*, ein Mischgefäß (gr. *kratēr*), in dem die Gegensätze, wie wir sie erleben, unablässig in ein neues, geordnetes Mischungsverhältnis gebracht werden, sich ausgleichen – ja, schließlich sich gegenseitig aufheben. Und dass demjenigen, der dieses Geheimnis erkannt und erfahren hat, diese

wahrhaft „erleuchtende" Geistsubstanz als das „lebendige Wasser" ausgegossen wird, das allen Durst für immer stillt und von
dem Jesus in Joh. 13,10, dem Gleichnis von seinem Gespräch mit
der Samaritanerin am Brunnen spricht. Es ist der Geist, welcher
der natürlichen Welt der Gegensätze („Realität") vorausgeht,
„Wasser des Lebens, ausgegossen für dürstende Menschen", so
ist die Wassermann-Aufgabe in einem geheimwissenschaftlichen
„Saatgedanken" formuliert.

Aber auch dieses Wasser bräuchte eben auch ein *Gefäß*, und
merkwürdigerweise erfahren wir in den üblichen astrologischen
Kurzfassungen nichts davon, dass einst das Sternbild Wassermann „*Amphora*" genannt wurde, und bildlich auch eine Am-
phore, meist gehalten von einem Wasserträger darstellte, der aus
einem großen Gefäß diese die Gegensätze versöhnende belebende Essenz über die Erde ausgießt. Dem ägyptischen Mythos nach
ist dieser Wasserträger sogar zweigeschlechtlich: ein Androgyn.
Auch darin spiegelt sich die Vereinigung von Gegensätzen: jeder Einzelne muss in sich um seiner Ganzheit willen auch das
Gegengeschlecht entwickeln. Zugleich erleben wir gegenwärtig
immer mehr Menschen, die sich beiden Geschlechtern zugehörig
fühlen und um Rechte für ihre „Transgender"-Gruppe kämpfen.
Unsere stark abstrahierten Tierkreis- „Piktogramme" sind wahrscheinlich erst im Spätmittelalter entstanden.[108] Doch es gibt
tatsächlich einzelne Darstellungen in denen das Wassermann-
Zeichens einzig als Krug, eine *Amphora*, ein großes Gefäß sym-
bolisiert wird – und auch so heißt. Stehen wir also auch von der
Symbolbildgebung her vor einem Widerspruch, einem Rätsel,
das uns in der Zeit, in der wir leben aufgegeben ist zu lösen?

Sicher ist: die beiden unverbundenen Wellenlinien der stark abstrahierten Wassermann-Signatur bedürfen, um sich als gegen-
satzvereinigend manifestieren zu können, eines Umfassenden,
eines Gefäßes, eines Orts, an dem die Ausbalancierung dieser

---

108 Hans-Georg Zundel, Tierkreisbilder im Altertum, Mainz 1992, S. 16

Mischung geschehen kann. Sie brauchen ein sozusagen „alchemistisches" Wandlungsgefäß, in dem die Trennung in Gegensätze aufgehoben werden kann – um so „oben" und „unten", Himmel und Erde, und genauso Bewusstes und Unbewusstes, innere Zentrierung und mitfühlende Handlung in der Außenwelt wieder zu einem kosmischen Ganzen zusammenzufügen – und dieses Gefäß sind *wir!*

Wir ahnen es längst: Wie im Symbolbild des „Aquarius", fallen auch für unsere Lebensaufgabe Gefäß und Menschengestalt in eins. *Der Mensch selbst,* und zwar *jeder Einzelne,* muss sowohl in der Seelentiefe als auch in seinen Handlungen zu diesem alchemistischen „Mischgefäß" werden, in dem die Trennung der Gegensätze auf neue Art zusammengefügt wird, die Vor-Urteile aufgehoben. Im Menschen selbst entscheidet sich, ob er schöpferisch wie die Nilflut wird, oder durch seine verächtliche (buchstäblich „wegwerfende") Haltung austrocknend wie ihr Ausbleiben. Indem wir uns dieser Aufgabe bewusst werden, überschreiten wir unser Dasein als Fixierung auf die Zwänge durch Realität und Gefühlswelt und erkennen das unbedingte *geistige* Angeschlossensein an eine sinnstiftende höhere Wirklichkeit aus der sie anfänglich hervorgegangen sind und wo der Widerspruch von Sein und Seiendem aufgehoben ist. So wie auch all die anderen Kontrastbilder, in denen wir „normalerweise" gefangen sind: Licht und Schatten, Kälte und Hitze, Lärm und Stille.

Und doch: Wir dürfen uns auch hier nicht der Täuschung ergeben, dass sich in unserem realen Leben all die Gegensätze durch „hehres Darüberschweben" auflösen ließen. Sie sind da, und wir dürfen uns nicht in trügerische Träume einer „Alles-ist-Licht-und Liebe-Wolke" verlieren, was als Gefahr so mancher in kollektiver Einheitsseligkeit schwelgenden Wohlfühlreligiosität den Einzelnen den Boden unter den Füßen verlieren lässt. In solchen Sphären ist keine Individuation oder Personalisierung möglich, nur Auflösung im Diffusen ohne persönliche Verantwortung für das Werden der Welt. Unsere *Unterscheidungsfähigkeit* muss bleiben. Wie der schon zitierte Friedrich Hebbel warnte, darf man „an einem Regenbogen … keine Wäsche aufhängen wollen". Und unter Umständen müssen wir auch eine unaushaltbar gewordene Gegensatzkonstellation verlassen und Neuanfänge versuchen.

Es ist also ein schwieriger Balanceakt, der dem „Menschen als Ort der Verwandlung" (Neumann) zur Aufgabe gemacht ist: Einerseits müssen wir aufs Neue und in viel stärkerem Maße die Einsichten alter und zeitgenössischer Mystiker von der Verbundenheit der Gegensätze und gegenseitiger Abhängigkeit (das „Interbeing" bei Thich Nhat Han) beherzigen, andererseits dürfen wir uns nicht in illusionären „Allräuschen" verlieren – selbst wenn wir im tiefsten Innern ahnen, dass es zu einem Großteil unsere eigenen konfusen Gedankenkonzepte sind, die diese Welt (mit-)formen.

Auch wenn wir ahnen oder gar erfahren haben, dass Himmel und Erde nicht getrennt sind, müssen wir im „realen Leben" *unterschieden* bleiben vom großen Einheitsgefühl und klar sehen, was hier und jetzt im ganz konkreten Alltagsleben getan werden muss – ohne aus dem Blick zu verlieren, dass über der „unteren" Wellenlinie der Wassermannsignatur eine „obere" immer auch noch da ist, und dass wir uns darauf verlassen können, von dort geistige Hilfe und „Inspiration" zu bekommen, die uns hilft, nicht in unseren momentanen Gefühlen (Wasser) unterzugehen, sondern zu sehen, dass wir dem innersten Wesen nach nicht damit identisch sind. Nur dann können wir in allem das Wunder oder das Sakrament entdecken. So lange wir leben, wird unser Dasein eine Gratwanderung bleiben, und das Leiden am Leben geht auch am „Erleuchteten" nicht spurlos vorbei, auch wenn ihm die Zusammenhänge durchsichtig geworden sind in der Erkenntnis des geistigen All-Einen.

Vor vielen Jahren, als ich mich mit der indischen Religion und Mystik befasste, las ich fasziniert in den Gesprächen mit dem

Weisen Ramana Maharshi (1879-1950). Besonders beeindruckt hat mich damals folgender Satz von ihm, der unserem westlichen Bewusstsein schwierig ist, aber letztlich unsere realistische Unterscheidungskraft anmahnt:

„So bleibt eine Luftspiegelung, die uns in der Wüste eine Wasserstelle vorgaukelt, auch dann noch bestehen, wenn wir um ihren illusionären Charakter wissen, wir werden aber nicht mehr versuchen, dort unseren Durst zu stillen. Die Welt ist eine Illusion, doch selbst wenn man zu dieser Einsicht gelangt ist, tritt sie weiter in Erscheinung." [109]

Ich übersetze das für mich so: Selbst wenn wir um die quantenphysikalisch bestätigte, grundsätzlich „geistige" Natur der Materie, der Welt und der uns umgebenden Dinge wissen und spirituell ahnen, dass es eine „höhere allumfassende Wirklichkeit" gibt, durchsichtiger als die uns alltäglich sichtbare, sind wir uns und unserer Mit- und Umwelt konkretes Tun und Verantwortung schuldig. Wir werden zwar nicht mehr glauben, wir könnten unsere innere Unruhe und unsere Isolationsgefühle durch Dramatisieren unserer Gefühle, Konsumversessenheit oder andere Formen der Identitätssuche in Massenvergnügungen finden, aber wir können uns auch nicht in eine religiöse Idealwelt wegstehlen – oder in parareligiöse Ideologien, Feindbilder, Negativprojektionen auf andere – was ebenfalls eine Form der Realitätsverweigerung ist.

Lebenspraktisch gesehen ist von uns gefordert, die Spannung auszuhalten, die entsteht durch die Erkenntnis unserer persönlichen Begrenztheit einerseits und gleichzeitigem Wissen unserer seelischen Verbundenheit und gemeinsamen geistigen Herkunft mit allem was existiert in der Welt. Wir müssen versuchen, unser „Seelengefäß" sozusagen auszuweiten, Persönliches und Überpersönliches, situative moralische Entscheidung und Verzicht

---

109 Ramana Maharshi, Gespräche des Weisen vom Berge Arunchala, Interlaken, 1989, S. 285

auf Verurteilungen im Vertrauen auf „höhere Gerechtigkeit" in uns koexistieren zu lassen. Und auch das, was wir nicht gutheißen können, nicht in Grund und Boden zu verdammen und zu verurteilen, sondern versuchen zu verstehen.

Wir tun an dem Ort, an den wir uns gestellt fühlen, was wir tun können: Unserer Wertschätzung von *Mensch, Ding und Erde*, wie sie eben „weiterhin in Erscheinung treten", Ausdruck geben in der Art eines zugleich unterscheidenden, aber auch *versöhnlichen* Umgangs damit. Versuchen, auch dem, was uns widerstrebt oder „fremd" ist, einen Ort in unserer inneren Ordnung als einem weiterzigen Gefäß zu geben. Und möglichst oft das Bewusstsein wachzurufen, dass wir schöpferischer Teil und verantwortliche Mitwirkende in einem organisch sich entwickelnden kosmischen Ganzen sind.

Eine schwierige, „idealische" Herausforderung. Mir gefällt, was ich gedacht und in Worte gefasst habe. Aber werde ich als allzumenschliches „irdenes Gefäß" das auch nur annähernd leisten können?

„Bei mir selbst anfangen"

Ziemlich „groß" bin ich eingestiegen: Mit Erich Neumanns dringendem Appell, endlich „Mensch, Ding, Erde" ins Zentrum theologischer und psychologischer Reflexion zu rücken, mit James Hillmans Kritik am „privaten Kapitalismus der Individuation" ohne Blick auf den Zustand der Welt, mit Teilhard de Chardins großartiger Vision der Evolution des Bewusstseins. Und ich habe dies alles unter das Vorzeichen des biblischen Mythos vom Ruf der göttlichen Weisheit gestellt, welcher uns dringend daran erinnern will, dass alles in der Welt bis ins Kleinste und scheinbar Wertloseste sakramental und „gotterfüllt" ist und in elementarer Einheit verbunden – auch wo uns die Widersprüche unerträglich scheinen. Und dass sie uns in eine neue geistige Bewusstseinsentwicklung führen will, in ein „Zeitalter des Geistes und der Weisheit", das seit Joachim von Fiore an der Schwelle ins 2. Jahrtausend in vielfacher Weise große und kleine Geister bewegt und mit Hoffnung darauf erfüllt.

Doch macht das auch klar, dass jede Weiterentwicklung ihre Bedingungen hat und nicht nur durch Harmonie und Streben nach dem Wahren, Schönen und Guten entsteht, sondern vor allem durch die Spannung zwischen Gegensätzlichem: Gerade aus dem Zusammenprall mit der Welt, gerade aus dem Paradoxen der Erscheinungen entsteht schöpferisches energetisches Gefälle. Es erzeugt Widerstand, kann aber schließlich zum Annehmen des zunächst unannehmbar Scheinenden führen oder das Unzulängliche, Störende produktiv machen: Not macht bekanntlich erfinderisch, und unter Umständen muss man eben doch überlegen, ob man eine persönlich unerträglich gewordene Situation verlässt, anstatt sich von Idealvorstellungen darüber, wie man sie meistern müsste, ersticken zu lassen.

Weil ich also nicht die Absicht habe, mich als Missionarin allgemeiner zukünftiger Wandlungsmahnungen aufzuführen, will ich zu meiner persönlichen Situation zurückkehren und prüfen, ob meine mäandernden Auseinandersetzungen der letzten Wochen und Monate bei mir selbst etwas in Bewegung gebracht haben, das mir weiterhelfen könnte.

Bescheidenheit ist nötig, und das Zurückkommen auf *diese* Situation, in *diesem* Moment, wo sich zeigen wird, ob es dem Ruf der Weisheit gelungen ist, mich zu erreichen.

Und schon spielt mir der Zu-Fall (für mich bekanntlich identisch mit Zeichen und Winken der Weisheit ...) eine Gelegenheit zu:

Am Abend wird es auf der Dachterrasse des Nachbarhauses plötzlich laut – und ich ahne sofort, was sich anbahnt: Die junge Frau ist mit dem Kind zu den Eltern gefahren, und nun nutzt der Ehemann die Gelegenheit zu einem saftigen „Herrenabend": Grillen, Feiern, hoch über der Stadt, das gibt was her. Mit Musik natürlich. Und laut.

Was helfen mir nun meine subtilen Erkenntnisse? Meine Weisheit?

Ich rufe an, bitte, die Musik leiser zu machen und, bitte, um 22 Uhr aus.

Es wird leiser. Erleichterung.

Aber als ich gegen elf ins Schlafzimmer komme, habe ich das Gefühl, neben einer Disko zu wohnen: Zwar sind die Herrn tatsächlich nicht mehr oben auf dem Dach, aber in der palastbeleuchteten Wohnung drehen sie jetzt erst recht auf.

Ich flehe die Weisheit an – sie scheint gerade am anderen Ende der Welt zu tun zu haben.

Ich nehme allen Mut zusammen und rufe nochmal an: „Wir sind doch jetzt nicht mehr oben auf dem Dach!"

O Unschuldslamm – er weiß doch, dass mein Schlafzimmer nach seiner Seite liegt!

Noch einmal bitte ich um Einhaltung der Regeln: Zimmerlautstärke, spüre seinen Unmut. Pause. Dann doch: „Wir machen's leiser, gute Nacht."

Natürlich bin ich längst viel zu sehr „außer mir" und in meinem Reaktionsmuster gefangen, um eine „gute Nacht" haben zu können. Ich werde also noch lesen.

Ich nehme ein Schlafmittel und greife nach einem meiner alten Tagebücher, die ich derzeit wieder lese.
Das hier ist von 2005. Und ich traue meinen Augen nicht: Auf der ersten Seite klebt ein Post-It-Zettel mit folgender Geschichte:

„Rabbi Baruch sprach einmal: ,Was für eine gute und lichte Welt ist das doch, wenn man sich nicht an sie verliert; und was für eine finstere Welt ist das doch, wenn man sich an sie verliert.'"[110]

Heilige Weisheit, bist Du am Ende doch „allenthalben"?
Jedenfalls ist mir sofort klar, was gerade passiert ist: Wieder einmal habe ich mich völlig an die „Welt", die „außer" mir und an meine *Gefühlswelt*, verloren! Ich nehme den Zettel heraus und klebe ihn auf den Einband: Genau da muss es morgen weitergehen!
Irgendwann schlafe ich dann auch ein. Schlecht und unruhig, und als ich morgens aufstehe, denke ich sofort an Rabbi Baruchs Weisheit und weiß:
Es sind noch mehr Fingerübungen nötig! Ich habe mich durch die Attacke wieder völlig in meinem emotionalen Reaktionsprogramm auf „die Welt" verloren – bin sozusagen in der „unteren" der Wassermann-Linie (≈), in der „Ich-Verhaftung" untergegangen. Das „höhere Bewusstsein", das Wissen, das *Distanzierung* von dieser emotionalen Ebene ermöglichen würde, hat in mir noch nicht genügend leibseelische Verankerung, um den Sprung auf die Ebene der *„lichten Welt"*, des *„Darüberhinaus"* zu ermöglichen und stabil zu halten.
Nichts gelernt also?

---

110 Martin Buber, Erzählungen der Chassidim, S. 166

James Hillman würde sagen, ich unterliege einem „persönlichen Kapitalismus" *meiner* Gefühle, *meiner* Gedanken und Vorstellungen, *meines* persönlichen Dramas – ohne die Fähigkeit, über diese Identifikation hinauszugelangen auf eine „höhere Warte", eine *transpersonale* Sichtweise, von der aus ich einräumen könnte, dass meine Sicht der Dinge nicht die alleinseligmachende ist und dass es darauf ankäme, auch andere Lebensweisen zu akzeptieren. Doch selbst für Hillman scheint großzügiges „Sein-Lassen" schwierig, ja „unannehmbar". Kann er es selber?

Neue Sicht ist nötig. *„Neues Bewusstsein"*, *„Wassermannzeitalter"*: Die astrologische Bildsymbolik zeigt: Die beiden Wellenlinien (≈) zeigen verschiedene Bewusstseinszustände an. Zuerst müssen wir die untere als „persönliche" (in konditionierten „Emotionsgedanken" verhaftete) Ebene wahrnehmen und von der oberen, „überpersönlichen" (distanzermöglichenden, niveauerhöhenden) Linie *unterscheiden* lernen. Unsere unmittelbaren Gefühle und Gedanken sind im Prinzip nur Energiesignale, denen wir konditionierte Überzeugungen hinzufügen.[111] Erst der Schritt über die einseitig gebundene Ich-Identifikation hinaus in ein überpersönliches Bewusstsein macht eine *integrale* Verbindung der beiden Seinsebenen im „Gefäß" (Wassermann als *Amphora*), eine Ganzwerdung möglich. Im *„Gefäß", das wir selbst sind!* In *uns selbst* muss eine Erweiterung des Bewusstseins hin zu einer integralen, transpersonalen Orientierung auf eine „größere, implizite Ordnung" ent-stehen. Nur dadurch könnten wir den Konflikt zwischen „grob" und „fein" überwachsen in eine weiträumigere, freie, „göttliche" Wirklichkeit. Eine Kunst, der Mystiker in aller Welt ihr ganzes Leben gewidmet haben. Annehmen was ist, aber auch zunächst einmal den Unterschied erkennen zwischen Ich (= Selbstbild, Ich-Ideal) und Weisheit.

Denn das, was wir „Ich" nennen, ist *nicht* identisch mit der uns leitenden, weisheitlichen Instanz, die unser eigentliches Wesen ausmacht, auch wenn es diesem keimhaft als ein Bewusstsein

---

111 Vgl. Charlotte Beck, Einfach Zen, München 1995, S. 219

von schöpferischem „Eigensein" innewohnt. Doch wird dieser Keim von Geburt an überformt durch unsere Erziehung, unsere Sozialisation, durch die unbewussten Implantate unserer Eltern, ihre unverwirklichten Ziele und Wünsche, die wir einlösen sollen, samt der Verinnerlichung der sozialen Schicht aus der wir stammen und vielem anderem mehr. So dünkt sich dieser „Ich-Komplex" schließlich als Zentrum seiner Welt, sollte aber doch nur ein *Gehilfe* im Prozess der „Selbstwerdung" sein, d.h. der Realisation eines weit darüber hinausgehenden ganzheitlichen Seins, in das wir hineinreifen sollen, und das C. G. Jung das „Selbst" genannt hat. Dessen „Ruf" wiederum spricht uns durch die „Stimme des Weisheit" an. Sie ist es, die uns an unsere Herkunft aus einer weiträumigen, das „Innen" und „Außen" und alle Polaritäten umfassenden Wirklichkeit erinnern will und dorthin zurückrufen.

Haben wir das einmal verstanden, können wir besser erkennen, wann wir Gefahr laufen, uns mit unseren Ich-Gefühlen und Vorstellungen zu identifizieren und davon fesseln zu lassen, ausweglos „besessen" zu sein. Besessen und beherrscht, denn alle Identifikationen haben die Macht, uns zu beherrschen.[112]

Der *„menschliche Notstand"*, von dem Raimon Panikkar spricht,[113] besteht darin, dass fast überall der Horizont der kleinen Ichs dominiert. Die meiste Zeit unterliegen die meisten von uns diesem Ich-Diktat. Das habe auch ich gestern wieder am eigenen Leib erlebt.

Darum müssten wir uns immer wieder fragen:

Welchem „Ruf" folge ich da gerade?

Stehe ich unter der Fuchtel meines ansprüchlichen, schulmeisterlichen *Selbstbildes,* das alles, was ihm nicht passt, als Majestätsbeleidigung sieht und strikte Verfolgung dessen fordert, was es als „unzumutbar" (eine Lieblingsvokabel meiner Mutter!) wertet?

---

112 Roberto Assagioli, Die Schulung des Willens, Paderborn 1982, S. 183
113 Raimon Panikkar, Rückkehr zum Mythos, Frankfurt 1985, S. 7

Doch dann müssten wir vielleicht etwas tun, was wir als allerletztes wollen: Bereit sein, die Überzeugung und Kontrolle, die wir durch unsere konditionierten Gefühls- und Vorstellungsmuster zu haben glauben (was natürlich illusorisch ist, sonst gerieten wir ja nicht in Bedrängnis) aufgeben, unsere stabilisierenden Hilfskonstruktionen von „richtig" und „falsch" hergeben und die unweigerlich folgende De-Stabilisierung annehmen. Eine De-Stabilisierung oder Instabilität, die nach Hans-Peter Dürr die entscheidende Voraussetzung für schöpferische Offenheit ist, für ein „Geistiges", das einem neuen Anfang, einem neuen Bewusstsein Raum gibt.[114] Und das zugleich ein Durchsichtigmachen, ein Durchschauen der Bedingungen unseres Konfliktes möglich machen würde, und sei es auch nur bruchstückhaft.

Im praktischen Umgang wird allerdings vieles unauflösbar miteinander verbunden bleiben, da jede „Störung des Ich" eben *zugleich ein verkappter Ruf der Weisheit in diesen weiteren Horizont* sein könnte, *der uns allen nottut.* Der aber letztlich doch darauf abzielt, den „persönlichen Kapitalismus" zu überschreiten um eine *überpersönliche* Einstellung zu erlangen. Den Sprung über das Persönliche hinaus zu wagen und dem störend empfundenen „Anruf" die Ehre zu geben, die ihm gebührt: *Selbst die Störung, das, was als Lärm empfunden wird, ebenso wie das „Grobe", als eine Darstellungsform Gottes*[115] *wahrzunehmen, die das Geheimnis von „Mensch, Ding, Erde" ausmacht. Eine Erscheinungsweise des „dunklen Gottes".* Mehr als alles andere ruft sie dann dazu auf, dass Gott auch Finsternis, Kreuz und Leiden ist (Jes 45,7) und in uns auch in dieser Erscheinung *angenommen* werden will und Impuls sein für eine neue Haltung.

Aber es ist und bleibt verwirrend. Wer möchte schon diese Zwiespältigkeit wahrhaben, damit wirklich auch leben – letztendlich würden wir doch meist die Eindeutigkeit eines „lieben Gott" als das reine Gute vorziehen ... Leider ist es dennoch genau das, was unser Fortkommen in eine neue Bewusstseinsweite verhindert!

---

114 Hans-Peter Dürr, Warum es ums Ganze geht, S. 105
115 Vgl. Teilhard de Chardin, Der göttliche Bereich, S. 52

Zurück auf „Los" also: Da ein alle transformierendes „neues Bewusstsein" nicht auf Knopfdruck zu haben ist, muss sich jeder fragen: Was verlangt *mein* Mythos, *meine* Aufgabe von mir?

Von mir jedenfalls verlangt er wohl, gerade in diesem Zwiespältigen eine geheime Identität zu erkennen: das Störende, Grobe als zur unauftrennbaren Vollständigkeit des Ganzen gehörig. Andere haben andere Aufgaben. Alle aber diese eine: Ein Gespür, einen Geschmack (von lat. *sapor* und *sapientia* = Weisheit) dafür zu entwickeln.

Dieser *Ruf* in eine *Evolution des Bewusstseins* ist immer und überall da, in jedem in einer anderen Variation. Aber er kann nur gehört und beantwortet werden von jedem Einzelnen.

Dabei muss sich jeder Einzelne auch immer wieder darauf besinnen, dass jeder andere genauso wie er selbst, seinen ganz persönlichen Dis-Identifikations-Sprung zu bewältigen hat. Und sich so gut wie möglich darin einfühlen, um ihm damit weiterzuhelfen. Eine solche beispielgebende *Solidarität* wäre es, welche dann auch gesamtgesellschaftlich entwicklungsfördernd werden könnte – vielleicht sogar ein wirksames „Sakrament", das ein ansteckendes „Feld" um sich schafft.

Ich muss innehalten und durchatmen. Wer soll verstehen, was ich mit einem „ansteckenden Feld" meine? Vielleicht hilft manchem weiter, was der Biologe Rupert Sheldrake als solch hoffnungsvolles Evolutionsdenken schon Anfang der 80er Jahre mit der Theorie der „morphogenetischen Felder" entdeckt hat, nämlich, dass jede geistige, psychisch oder rein verhaltensmäßige Neuerwerbung eines Einzelnen auf unklärbare Art und Weise auch auf seine Artgenossen auswirkt. Er hat herausgefunden:

„Eignet sich ein Angehöriger einer biologischen Gattung ein neues Verhalten an, wird sein morphogenetisches [gestaltbildendes, B. R.] Feld beeinflusst. Behält er sein neues Verhalten lange genug bei, beeinflusst

die morphische Resonanz eine Wechselwirkung zwischen allen Angehörigen der gesamten Gattung."[116]

Wer es schlichter formuliert haben möchte: Alles, was wir tun und denken kann auf unser gesamtes Umfeld „ansteckend" wirken! Im Kleinen habe ich das jüngst selbst erlebt, als ich anfing, einige Erinnerungen aufzuschreiben. Plötzlich fing meine 5 Jahre ältere Schwester, die 2000 km entfernt lebt und sich immer geweigert hatte, sich zurückzuerinnern, weil sie es zu schmerzhaft fand, ebenfalls an zu schreiben ...

„Die Seele ist ein Feld", heißt ein Buch, das Rupert Sheldrake und Matthew Fox, der „Schöpfungstheologe" und einstige Dominikaner 1996 zusammen geschrieben haben.[117] Alles wirkt auf alles – und das macht unsere Verantwortung im Prozess der Bewusstseinsentwicklung nicht geringer!
Unsere Achtsamkeit muss nicht nur der „Individuation" der Dinge dienen, mit denen wir umgehen, sondern unsere gesamte Haltung prägen – gegenüber Menschen, Dingen, Orten, Ereignissen und vor allem gegenüber uns selbst, damit wir lernen, uns nicht von den Forderungen unseres Ich fesseln zu lassen, sondern die Fessel zu durchschauen und fähig werden, diese Fixierung an „gut" und „böse" immer wieder zu überschreiten hin zu einer größeren seelischen Weite und liebevollen Offenheit auch dem gegenüber, was uns gerade missfällt.
Aber zuweilen unserer Haut wehren, wo es angebracht ist – das dürfen wir trotzdem – genauso, wie uns erlauben, eine konkrete Situation, die uns unerträglich geworden ist und uns krank macht, zu verlassen.

---

116 Rupert Sheldrake, das schöpferische Universum München 1983, zit. Nach
     Willigis Jäger, Die Welle ist das Meer, S. 109
117 R. Sheldrake, M. Fox, Die Seele ist ein Feld, deutsch 1998, München 1998

Realität und Vision

„Wir brauchen eine Gesellschaft, die in der Bedächtigkeit und der Gelassenheit ein wesentliches Element der natürlichen Wertschöpfung erkennt, eine Höherentwicklung zu differenzierteren und konstruktivisch, organismisch verflochtenen Strukturen."

Mit diesen Worten beschrieb Hans-Peter Dürr schon vor über 15 Jahren seine Vision eines neuen Bewusstseins, das sich nicht in Beschleunigungs- und „Innovations"-Räuschen verschleißt.[118] Und Teilhard de Chardin geht in seinem Radius noch über Hans-Peter Dürr hinaus, wenn er schreibt dass wir *„Solidarität und Verantwortung für ein in der Entwicklung befindliches Universum"* brauchen![119]

Dazu noch einmal Raimon Panikkar:

„Wir brauchen die Distanz, die uns die Kontemplation gibt, die Perspektive, die wir durch Losgelöstheit (asakti in der Gita, die Mystiker nennen es Gelassenheit) gewinnen – wir brauchen die Einsicht in die tieferen Schichten der Wirklichkeit ..."[120]

„Distanz, Kontemplation, Bedächtigkeit und Gelassenheit"!„Verantwortung für das ganze Universum!"

Wenn ich die Tageszeitung lese, Nachrichten höre, nicht zuletzt auf das hinschaue und hinhöre, was ich selber vor meiner Haustür (und ins Haus eindringend) wahrnehme, droht mir der Mut zu sinken. Denn ich habe nicht den Eindruck, dass sich irgend eine „Entwicklung" in dieser Richtung bewegen würde. Nicht einmal *diese* in ihren Folgen noch gar nicht absehbare Krise scheint etwas zu bewirken. Eher im Gegenteil: Noch mehr Ungeduld, noch mehr Reizhungrigkeit, noch mehr energiefressende Digitalisierung, noch mehr Ausbeutung ohne Rücksicht auf Kli-

---

118 Dürr, Auch die Wissenschaft spricht nur in Gleichnissen, Freiburg 2004, S. 75
119 Teilhard de Chardin, Der Mensch im Kosmos, S. 252
120 Panikkar, Rückkehr zum Mythos, Frankfurt 1985, S. 8

maschutz, noch mehr Tempo, noch mehr Lautstärke, noch mehr hektische „Innovations"-, „Event"- und Geschäftemacherei, noch mehr *„brennende Erde", „brennender deus absconditus"* ...
„In jedem Fall gibt es für keinen modernen Menschen eine glückliche Insel der Sicherheit ... Das Feuer, das den modernen Menschen ergriffen hat, frisst an ihm, wissend oder unwissend, sei es in Atomexplosionen, Kriegen oder Gasöfen[121]*, in Krisen, Neurosen oder Psychosen. Es ergreift ihn in der modernen Kunst, im sozialen Leben; von überall dringt es ein, es gibt keinen Ausweg."*[122]

Doch auch in Neumanns fulminanter Rede ist das nicht das letzte Wort.

Er gibt die positiven Wandlungs- und Gestaltungskräfte des Menschen nicht auf. Zentral bleibt für ihn allerdings zunächst nicht das aktive Dagegenhandeln, sondern die *Fähigkeit des Erleidens und Annehmens des Dunkels,* was auch ein *Annehmen von Schwäche und Ohnmacht* bedeuten würde, dazuhin das Eingeständnis des Versagens, durch Gegensatzurteile von „Gut" und „Böse" zum himmlischen Licht zu gelangen. Denn: *„Die Stellung des modernen Menschen ist unendlich verschieden von allem, was früher dem Menschen das Numinose des Himmels über ihm und der Erde unter ihm bedeutet hatte."*[123] Jetzt aber genügt der Blick zum Himmel nicht mehr. *Der Mensch muss sich dem Gegensatz in sich selber stellen* – auch seinem Unwillen, dies anzunehmen. Nur so, meint Neumann, wird Veränderung möglich, wird der Mensch *„zum Ort, in dem Himmel und Erde wieder zusammentreten; dabei nimmt die Verwandlung von unten nach oben an Wirklichkeit zu".*
Es gilt also, was die Heilpädagogik schon lange erkannt hat: Voraussetzung aller Heilung ist zuallererst das „Annehmen der

---

121 Neumanns Vortrag wurde nur wenige Jahre nach dem Holocaust und Hiroshima gehalten
122 Neumann, Die Bedeutung des Erdarchetypus für die Neuzeit in: Die Psyche als Ort der Gestaltung, S. 38
123 Ebda, S. 49

Unzulänglichkeit". In Neumanns Ausweitung auf das große Ganze:

„Gerade die Hinfälligkeit der Erde und mit ihr des Menschen ist hier der tragende Ausgangspunkt des Geschehens, denn nicht das Vollkommene eines Geist-Himmels, sondern die Beschränktheit und Vergänglichkeit des Irdischen ist das notwendige Sprungbrett des >Sturzes< in ein >tieferes Sein<".[124]

Also brauche ich mich auch des Eingeständnisses meines Unvermögens, der großen Vision der „Versöhnung der Gegensätze" in meinem beschränkten irdischen Dasein nicht zu genügen, nicht zu schämen.

Ja, der „Ruf der Weisheit" geht von allem aus, dem wir irdisch begegnen, seien es Hillmans Bierdosen, sei es im Abfall, nicht nur am Strand von Santa Monica, seien es Leonardo Boffs oder HAP Grieshabers Gebirgszüge – oder das Demo-Geschrei der Gegner von Corona-Einschränkungen. Gerade die *Eintrübungen* durch das „untere" Geschehen machen das Sakramentale der Erde komplett, vollständig. Dazu gehört auch das Eingeständnis, dass wir nicht alles können, was wir wollen. Damit muss ein „neues Bewusstsein" beginnen. Mit den Worten C. G. Jungs:

„Nur hier, im irdischen Leben, wo die Gegensätze zusammenstoßen, kann das allgemeine Bewusstsein erhöht werden. Das scheint die metaphysische Aufgabe des Menschen zu sein."[125]

Und eines betonen westliche und östliche Weisheitsparabeln gleichermaßen: dass man sich *tief bücken* muss, um Weisheit, Erleuchtung oder das Himmelreich zu finden.

Überzeugt mich das Gefundene?
Habe ich mich tief genug gebückt?
Zweifelnd blicke ich auf mein stanniolgebasteltes Weisheitsfigürchen.

---

124 Ebda
125 Jung/Jaffé, S. 314

Es strahlt den Humor aus, den „geistigen Eros" der schöpferischen Weisheit, das spielerische Feld, in dem es entstanden ist, und scheint zu sagen:
„Vergiss all die Vorstellungen. Es sind Vorstellungen. Schau auf den kleinen blühenden Holunderbusch, der still und ungefragt deine Nähe gesucht hat. Die Schwierigkeit, aus dem Dunkel unter der Terrasse hervorzuwachsen, hat ihn nicht gekümmert, ihn kümmert kein Lärm. Eine Gotteserscheinung, ein Sakrament für den der mit seinem Anschauen „Zeit vertun" will. Zur Ruhe kommen. Darauf kommt alles an, das ist genug.
Von außen wird dich immer dasselbe treffen. Aber auch das gehört zum Kult der Materie, Kult des Lebens, Kult der Energie, und es ist dein eigenes Bewusstsein, das es so oder so deutet. Lass es einfach sein und triff die für dich nötigen Entscheidungen, auch wenn sie deinem Ideal nicht entsprechen ..."

Ja, es könnte ganz einfach sein, denn kann innerhalb der „Großen Urordnung", welche die Weisheit nach alter Intuition ist, irgendetwas „falsch" sein? Dennoch. Es wird weiterhin Abstürze geben. *Halten können* werde ich dieses Frieden schließen nicht dauernd.

Bis ich weiter weiß, werde ich eine Imagination pflegen, die sich kürzlich einstellte, als ich einschlafen wollte, und das rhythmische Dröhnen der Stadt mir keine Ruhe ließ: Ich erinnerte mich an eine Schiffsüberfahrt in einer Sommernacht von Venedig nach Griechenland, wo ich dieses permanente Dröhnen in der Stille wie Musik empfand – und *genoss!*
Warum also nicht mich abends in meine Koje träumen, dem Stampfen meines kleinen Schiffs über den großen Ozean des Lebens lauschen?
Damit wäre immerhin an *einer* Stelle die Dämonie der Störung gebrochen und – fast – in ein Sakrament verwandelt ...

Schöpferische Resignation

Wäre das vielleicht eine Überschrift für die Verwandlung der störenden Stadtrhythmen in die Begleitmusik eines beruhigenden Schiffsmotors auf meiner Lebensreise? Ein Beispiel schöpferischer Imaginationsfähigkeit als „Gottesereignis", das gerade aus Widersprüchen und Störungen ein „Darüberhinaus" hervorgehen kann? Oder lauert darin nur wieder die alte Schlange Resignation, welche dieses Buch ausdrücklich zu überschreiten versprach, hin zu einer schöpferisch ausgreifenden Bewusstheit?

Keine Frage, in unserem normalen Sprachgebrauch hat „*Resignation* keinen guten Klang. Es bedeutet im allgemeinen ein Aufgeben aller „positiven" Perspektiven, ein Erlahmen der seelischen Kräfte. Und ich will diese verbreitete Bedeutung auch keineswegs leugnen, kenne sie nur allzugut von mir selber. Nicht immer habe ich ihr viel entgegenzusetzen. Aber es *gibt* sie, diese Momente, in denen eine rettende Phantasie, ein „Darüberhinaus" wie ein schöpferisches Zeichen aus einer transpersonalen Ebene aufblitzt, für ein „Signal" einer „Parallelspur", die mir hilft, eine prekäre Situation zu meistern. So ein Signal kann in einer Imagination liegen, aber auch ganz konkrete Visionen zu Veränderungsmöglichkeiten wecken. In alten Zeiten galten solche „*signa*" sogar als *sakramentale* Zeichen, durch die etwas Bedeutung bekam, ja, klärende Deutung eines zuvor Verborgenen. Aber wenn wir mit offenen Sinnen durch die Welt gehen, begegnen wir überall solchen Zeichen.

Weshalb ich mich also in meinem speziellen Fall fragen muss: *Ist* vielleicht die „Signatur" des Orts, an dem ich lebe mit seinem extremen Aufeinanderprallens von Widersprüchen ein solches Zeichen, gerade *weil* sich das Widersprüchliche in meiner Haltung trotz aller Bemühung nicht auflösen ließ? C. G. Jung schrieb einmal: *„Nur am Gegensatz entzündet sich Leben"* (GW 7, § 78). Doch das bedeutet eben nicht, dass jeder Gegensatz integrativ aufgelöst werden könnte. Vielmehr erfordert er bisweilen, dass man erkennt, dass aus dem Zusammenprall etwas ganz

Neues, eine reale Veränderung hervorgehen soll. Das Wahr-Nehmen eines „Rufs", eines „Darüberhinaus", der sich durch-aus auch unter dem abgetragenen Mantel einer angeblich unver-meidlichen „Resignation" verbergen kann!
Mein altes Schulwörterbuch steckt mir ein Licht auf: Das latei-nische *re-signere hat nämlich* einen überraschenden Doppelsinn: Es bedeutet nicht nur ein *Zurückweichen* (unser Normalverständ-nis), sondern auch ein *„Entsiegeln, Öffnen"*!

Ist das nicht wie ein alter Brief, den keiner genau gelesen hat? Vermutlich ist das Tragischste an Peter Sloterdijks *„Briefen in den Archiven der Menschheit, für die keine Empfänger mehr da sind"*, dass ohne Empfänger auch kein Brief mehr „entsiegelt" wird. Sein Geheimnis bekommt so gar keine Chance, jemanden über eine hemmende Bewusstseinsschwelle hinauszutragen, eine neue Orientierung unter neuem Zeichen zu gewinnen, wie einst dem römischen Kaiser Konstantin vor der Schlacht gegen Maxen-tius (321) von einem besonderen *signum,* dem Christus-Zeichen, träumte, begleitet von der Botschaft: *„In hoc signum vinces* – in diesem Zeichen wirst du siegen," so die Legende. Wenn wir statt diesem „siegen" (das immer unglückliche Besiegte hinterlässt) lieber „gewinnen" sagen würden, öffnete sich unser Blick auch auf andere Situationen, und es gelänge uns, eine scheinbar fest versiegelte Situation zu „entsiegeln". Sie als ein sakramentales Leit-Zeichen zu sehen, das uns in einen neuen Horizont hinein-*ruft,* uns *zeigt* („Zeichen" und „zeigen" sind stammverwandt!), dass wir nur von unseren eigenen krampfhaften Vorstellungen von der Ausweglosigkeit „zurückweichen" müssten!

Eine Geschichte fällt mir ein, die ich leider nicht mehr ganz genau im Kopf habe. Aber sinngemäß ging es, wie ich mich erin-nere, um dies:

Ein König brauchte einen neuen Minister: Drei verdiente Männer kamen dafür in Frage, und um herauszufinden, welcher der Richtige

wäre, ließ er sie zusammen in einem bequem ausgestatteten Zimmer zusammenkommen mit der Angabe, die Tür werde nun verschlossen, und wer als erster das Schloss öffnen könne, solle Minister werden.
Der erste machte sich sogleich daran, das sehr kompliziert aussehende Türschloss von allen Seiten zu untersuchen um die Vorrichtung zu prüfen.
Der zweite warf zwar einen Blick auf das Schloss, prägte es sich ein und fing dann an, komplizierte Rechnungen auf einem Blatt Papier anzustellen. Der dritte setzte sich zuerst einmal ruhig in einen Sessel gegenüber dem Türschloss, sah es an und tat gar nichts. Die anderen dachten, er habe von vornherein resigniert und vertieften sich umsomehr mit heißen Köpfen in ihre Anstrengungen, ohne weiter auf ihn zu achten.
Da stand der „resignierte Nichtstuer" plötzlich auf, ging zur Tür, drückte die Klinke hinunter – und siehe da, sie war offen ....

Er hatte „schöpferische Resignation" geübt, ihren Doppelsinn erkannt: Scheinbar war er zuerst einmal vor der gestellten Aufgabe *zurückgewichen* (er war nicht sofort auf die Tür zugegangen um die Klinke zu probieren!). Statt dessen hatte er ruhig auf ein inneres Zeichen, einen „Wink" seiner inneren Weisheitsstimme gelauscht. Und als er ihr „Signal" spürte, war er ohne Zögern aufgestanden, um ihm zu folgen ...

Vor vielen Jahren (in der Zeit, in dem die „New-Age-Bewegung" noch lebendig war) bekam ich einmal ein Büchlein geschenkt, in dem ein argentinischer Weiser Anleitungen zu einem spirituellen Weg gibt, zu dem auch zwölf absolut lebenspraktische Grundsätze gehören.
Die ersten drei möchte ich hier wiedergeben, denn mir scheinen sie direkt dem „Brief eines Weisen" zu entstammen und zu formulieren, was ich „schöpferische Resignation" genannt habe:
Immer kommt es darauf an, *offen* gegenüber den Gegebenheiten zu sein und *mit* ihnen zu gehen:

*(1) Wenn man sich der Entwicklung der Dinge entgegenstellt,
geht man gegen sich selbst vor.*
*(2) Wenn du etwas zu erzwingen versuchst, so erzeugst du damit
das Gegenteil.*
*(3) Widersetze dich nicht einer großen Kraft; weiche zurück bis
sie schwächer wird; dann aber gehe mit Entschlossenheit vor.*[126]

Alle drei sprechen von Erfahrungen, die jeder in seinem Leben
macht, und von einer Lebensklugheit, die man bei Mystikern in
Ost und West findet.

Und sie sprechen von dem, was ich „schöpferische Resignation"
genannt habe, und die der Ministerkandidat vorbildlich geübt
hat.

Denn in der Regel neigen wir alle dazu, auf Schwieriges, das uns
begegnet, mit Widerstand und Abwehr, Formen des „Agierens"
zu re-agieren. Auf Teufel komm raus alle möglichen Anstrengungen dagegen zu mobilisieren, um ein Ergebnis zu erzwingen, das nach unserer Vorstellung das „Richtige" wäre, was
auch heißt, das *Ichstabilisierende*. Und verfallen so in einen Starr-
krampf, der ein „neues Bewusstsein" ein „entsiegeltes, offenes"
(*re-signere*) verhindert.

Allerdings mehren sich auch die Zeichen, dass sich da auf vielerlei Ebenen manches zu ändern beginnt, etwa wenn Verhand-
lungspartner in Konfliktsituationen sogenannte „Win-Win"-Ver-
hältnisse anstreben, wo anschließend keiner der Beteiligten das
Gefühl haben muss, „besiegt" zu sein, sondern an einem gemeinsamen und schöpferischen Prozess teilzuhaben und mitzuarbeiten. Der mit der wohlwollenden Einladung beginnt, allzu „fest
eingesiegelte" Erwartungshaltungen aufzugeben.

Denn wer sein Leben nur von fixen Vorstellungen aus planen
will, in denen einmal getroffene Entscheidungen unumstößlich
festgehalten werden müssen anstatt einer offenen, prozesshafte
Entwicklung zu folgen, wird mit Sicherheit immer wieder in

126 Silo, Vom inneren Schauen, Schwarzenburg (Schweiz),1973/1980, S. 70

Situationen kommen, wo er sich als „besiegt" erlebt. Ob und wie er dann „resigniert" ist eine andere Frage.

Wird er dann seine Lage als ausweglos und sich selbst als hilflos dem Schicksal ausgeliefert fühlen – oder kann er das Scheitern seiner Pläne als einen „Wink des Schicksals" (oder „Ruf der Weisheit" oder gar „Gottesereignis" ...) sehen und sich fragen: Enthält die Sackgasse, in der ich mich fühle, eine „Weisung"? Enthält vielleicht der „Brief", den ihm dieser „Ruf", diese Weisung schickt, die Lösung und wäre es wert, geöffnet zu werden? Oder ist er überhaupt vielleicht schon offen, müsste nur gelesen werden – und es geht dann ganz anders als gedacht weiter – falls man sich dem neuen „Zeichen" anvertraut?

Vielleicht dauert es lange, bis man sich dazu entschließen kann und man bleibt fixiert auf ein Gefühl einer erdrückenden, demütigenden Niederlage, die verbietet, sich einer möglichen Änderung zu öffnen. Einer Änderung, die uns womöglich abverlangte, manches durch unsere Anstrengungen erreichte Besondere aufzugeben: Dinge, Verhältnisse, die in jahrelanger Bemühung „gezähmt" und nach unserem fordernden Ideal-Ich, gestaltet wurden, ja, sich zu unserem persönlichen, ganz besonderen *Mythos* verfestigt haben und uns selbst zur Ichstabilisierung verholfen! Unvorstellbar zunächst, diesen bisher gelebten und gehegten Mythos (und jedes Leben folgt in gewisser Weise einem solchen Mythos) aufzugeben, Umwandlung zuzulassen, die dem bisherigen Ideal-Konzept widerspricht. Wäre damit nicht alles bisher Gelebte entwertet, ja verraten? Wer bin ich noch, wenn mich nicht mehr der Mantel meines Mythos schützt?

Als tiefe Resignation wird uns dann ein Gefühl völligen Versagens im Griff halten – bis wir bereit sind, innerlich aufzugeben, nachzugeben, geschehen zu lassen, „zurückzuweichen" von dieser bestimmten idealen Vorstellung. Aber nur durch ein solches Zurückziehen kann sich die neue Einsicht einstellen, kann sich ein Raum öffnen für Neues.

Es kann schmerzhaft lange dauern bis wir sehen, dass die durchlebte Gegensatzspannung geradezu die notwendige und fruchtbare Voraussetzung dafür war, etwas Neues „zur Welt zu bringen". Dass sich daran geradezu beweist, was C. G. Jung nicht müde wurde in vielerlei Variationen zu zeigen, dass sich eben „nur am Gegensatz" der Funke für ein fruchtbares Leben entzündet, das immer „darüberhinaus" will.

Mir scheint, der dritte der Ministeranwärter aus der Parabel, die ich erzählt habe, weiß instinktiv um dieses Geheimnis. Als einerseits auserwählter Ministerkandidat sieht er sich unvermutet in eine eigentlich demütigende Situation gebracht, die dem, was allgemein einer Ministerwürde und -autorität entspricht, völlig entgegengesetzt ist: Er ist nichts als ein Gefangener. Doch vielleicht hängt sein Selbstwertgefühl, sein Ideal-Ich, sein persönlich erträumter Mythos gar nicht in erster Linie davon ab, ob er Minister wird oder nicht? Vielleicht ist er nicht fixiert auf ein vorgestelltes Ideal, und kann sich drum zunächst einmal hinsetzen und gar nichts tun? Die östliche Philosophie nennt das *„wu wei"*. Warten, hinnehmen und aushalten. Alle Vorstellungsprägungen sausen lassen, innerlich *„die Schuhe ausziehen"*, wie es viele Meditationswege lehren und sich dem Grund überlassen, aus dem die Zeichen der Weisung hervorgehen. Auch wenn er so bei den anderen den Anschein erweckt, er habe schon im Vorfeld „resigniert" angesichts einer Aufgabe, der er sich nicht gewachsen fühlt.

Da plötzlich erweist sich diese Art „Resignation" als überaus schöpferisch: Denn dieses Warten ist kein rein passives Warten, sondern ein absichtsloses, aber nicht unaufmerksames Raum geben für die „Entsiegelung" eines Geheimnisses, welches offensichtlich mit dem Türschloss verbunden sein muss, sonst hätte der König ihnen nicht diese Aufgabe gestellt. Und derjenige, der nicht fixiert ist auf das „Feldzeichen Minister" kann gelassen warten auf einen Wink, ein Signal, das ihm den Weg weisen wird. Und siehe da: tatsächlich zeigt sich ihm spontan genau das Richtige – und das ist die Art, in der die schöpferische Weisheit einem etwas ganz „zufällig" zuspielt, gerade in Momenten, wo man sich *nicht* daran klammert, dass „es" unbedingt nach eigener Vorstellung laufen müsste, sondern wo man sich einfach dem Lebensstrom überlässt, auch eine Enttäuschung hinzunehmen bereit ist, abwartet, was passiert ...

Das ist es, was ich *„schöpferische Resignation"* nennen möchte, und die nichts mehr zu tun hat mit dem, was wir herkömmlich unter „Resignation" verstehen. Vielleicht verdiente sie als verwandelnde Kraft sogar den Namen „Sakrament".

Jedenfalls vereint sie beides: das *„Zurückweichen"* und das *„Entsiegeln"*, *„Öffnen"* des Grundes, aus dem das Neue seine Zeichen hervorgehen lässt, wenn ein Lebensziel seine bestmögliche Verwirklichung und „Individuation" erreicht hat – und zum Weitergehen auffordert. Dann allerdings steht „Ent-schlossenheit" zu einem nächsten Schritt an – den der Ministerkandidat dann auch geht.

Eine solche Haltung verlangt viel von uns: Aufgeben eines lebenslang geübtem Durchsetzungswillen, Angst und Unsicherheit, vielleicht Gefühle des Scheiterns aushalten und das Leiden daran auf sich zu nehmen als ebenso „göttlich" und „sakramental" wie freudige Gestimmtheit. Verlangt Bereitschaft zum Abschied von einem bisher gelebten Mythos und verlangt, sich einer Dimension zu öffnen, die man im Moment fürchtet. Doch gerade dieser schmerzhafte „Riss" öffnet ein unbekanntes „Noch-nicht", eine neue Lichtung, eine neue *Freiheit!* Aus der etwas bisher Nichtgewesenes, Neues hervorgehen kann.

Ohne Angst ist diese Freiheit nicht zu haben. Doch die Minister-Parabel ermutigt uns: Die Tür ist offen – zur Erfahrung neuer persönlicher Entdeckungen und des Weges zu einem neuen Bewusstsein, das auf die göttlichen Zeichen im Irdischen vertraut, in denen der Ruf der Weisheit steckt. Zu einer „Re-Signation", der „Ent-Siegelung" und Öffnung, die den Mut hat, über das Hängenbleiben in überlebten Urteilen und Verhältnissen hinauszugehen und neuen Signalen zu folgen, entschlossen, wie Raimon Panikkar in seiner letzten Sutra: *„Immer neu beginnen"*.

Panikkar, christlicher Mönch, hat lange als Hindu gelebt, der Religion seines Vaters. Seine alle religiösen Grenzen übersteigende Erfahrung war, dass wir uns auf unsere innerste Weisheit verlassen können. Ob in Stille oder Sturm, gehört oder ungehört, ob in Mensch, Ding, Erde: Die Stimme der Weisheit durchdringt und verbindet den ganzen Kosmos. Denn alles ist göttliches Wort.

Das zu erkennen, ist die Herausforderung des neuen Bewusstseins.

Literaturliste

Assagioli, Roberto, Die Schulung des Willens, Paderborn 1982
Beck, Charlotte, Einfach Zen, München 1995
Boff, Leonardo, Kleine Sakramentenlehre, Düsseldorf 1985
Bohm, David, Die implizite Ordnung, München 1985
Buber, Martin, Die Erzählungen der Chassidim, Zürich
    1949/2014
Buber, Martin/Rosenzweig Franz, Die Bücher der Verkündi-
    gung, Neuausgabe Gerlingen 1997
Dürr, Hans-Peter, Wir erleben mehr als wir begreifen, Freiburg
    2002
Dürr, Hans-Peter, Auch die Wissenschaft spricht nur in Gleich-
    nissen, Freiburg 2004
Dürr, Hans-Peter, Warum es ums Ganze geht – Neues Denken
    für eine Welt im Umbruch, Frankfurt 2009
Ehrenberg, Alain, Das erschöpfte Selbst, Frankfurt 1998/2015
Papst Franziskus, Enzyklike „Laudato si", Leipzig 2015
Gebser, Jean, Ursprung und Gegenwart, München 1973/1988
Grieshaber HAP/Hannsmann, Margarete, Grob, fein und gött-
    lich, Dortmund 1982
Groddeck, Georg, Krankheit als Symbol, Frankfurt 1987
Guardini, Romano, Vom Sinn der Schwermut, Kevelaer 2008
Handke, Peter, Über die Dörfer, Frankfurt 2002
Handke, Peter, Vor der Baumschattenwand nachts, Salzburg
    und Wien 2016
Haas, Adolf, Teilhard de Chardin-Lexikon, Freiburg 2071
Herwartz, Christian, Auf nackten Sohlen – Exerzitien auf der
    Straße, Würzburg 2006
Hillman James/Ventura Michael, Hundert Jahre Psychotherapie
    und der Welt geht's immer schlechter, Solothurn, 1994
Jäger, Willigis, Die Welle ist das Meer, Freiburg 2000
Jung, C. G./Wilhelm, Richard, Das Geheimnis der Goldenen
    Blüte, Freiburg Olten und Freiburg 1971, Vorrede S. XIV
Jung, C. G., GW Bd 12

Jung, C. G./ Jaffé Aniela, Träume, Gedanken, Erinnerungen, Olten und Freiburg 1984

Kosljanič, Robert Josef, Der Geist des Orts, München 2004

Neumann, Erich, Die Bedeutung des Erdarchetyps für die Neuzeit, in: Die Psyche als Ort der Gestaltung, Eranos-Vorträge, Frankfurt 1992

Nicols, Sally, Die Psychologie des Tarot, Interlaken 1984

Musil, Robert, Der Mann ohne Eigenschaften, Reinbek 1978

Panikkar, Raimon, Rückkehr zum Mythos, Frankfurt 1985

Panikkar, Raimon, Der Weisheit eine Wohnung bereiten, München 1990

Rilke, Rainer Maria, Briefe an einen jungen Dichter, Insel Verlag Leipzig

Rilke, Rainer Maria, Ausgewählte Kostbarkeiten, Lahr 1992

v. Rad, Gerhard, Weisheit in Israel, Neukirchen-Vlluyn 1970

Ramana Maharshi, Gespräche des Weisen, Interlaken 1989

Rohr, Richard, Alles trägt den Einen Namen, Gütersloh 2019

Romankiewicz, Brigitte, Spielfeld der Götter – C. G. Jungs Archetypenlehre und die Astrologie, Tübingen 2002

Romankiewicz, Brigitte, Hoffnung neu entdecken, Düsseldorf 2008

Romankiewicz, Brigitte, Sophia kehrt zurück – Evangelische Mystik im Schatten Luthers, Freiburg 2016

Schiwy, Günther, Teilhard de Chardin – sein Leben und seine Zeit, 2 Bde, München 1981

Schiwy, Günther, Der Geist des neuen Zeitalters, München 1987

Schleiermacher, Friedrich Daniel Ernst, Über die Religion, hrsg. von Andreas Arndt, Hamburg 2004

Scholem, Gershom, Zur Kabbala und ihrer Symbolik, Zürich 1960

Sheldrake, Rupert, Das schöpferische Universum, München 1983

Sheldrake, Rupert/Fox, Matthew, Die Seele ist ein Feld, deutsch 1998, München 1998

Silo, Vom inneren Schauen, Schwarzenberg, 1973/1980

St. Exupéry, Antoine, Der kleine Prinz, Düsseldorf 1956
Teilhard de Chardin, Pierre, Der Mensch im Kosmos, München
    1982 (Paris 1955)
Teilhard de Chardin, Pierre, Der göttliche Bereich, Olten und
    Freiburg 1962
Teilhard de Chardin, Pierre, Das Herz der Materie, Olten und
    Freiburg, 1990
Zundel, Hans-Georg, Tierkreisbilder im Altertum, Mainz 1992

Brigitte Romankiewicz
geb. 1945, studierte Kunst, Deutsch und Religion für das Lehramt und war 20 Jahre als Lehrerin tätig. Weitere intensive Studien auf dem Gebiet der Religions- und Kulturgeschichte und der Psychologie führten sie zur Bildsprache des Symbolischen. Langjährige Dozentin am C. G. Jung-Institut Stuttgart.

Weitere Veröffentlichungen der Autorin

Der Blick des Christophorus oder Was ist Christus?
Versuch einer Annäherung.
Stuttgart: opus magnum 2019

Ohne Maria kein Christus – Maria als Symbol spiritueller
Erfahrung und Raum der Individuation.
Stuttgart: opus magnum 2018

Sophia kehrt zurück – Evangelische Mystik im Schatten Luthers
Freiburg: Herder 2016

Was Hoffnung beflügelt: Ein Wegbegleiter zu Lebensmut und Sinn
Ostfildern: Patmos 2010 (freier download bei opus magnum.de)

Hoffnung neu entdecken
Düsseldorf: Patmos 2008 (freier download bei opus magnum.de)

Die Schwarze Madonna – Hintergründe einer Symbolgestalt
Düsseldorf: Patmos 2004 (freier download bei opus-magnum.de)

Urbilder des Vaters
Waiblingen: Stendel 1998 (freier download bei opus-magnum.de)